JN131034

·

映像
アーカイブ論

― 記録と記憶が照射する未来 ―

辻 泰明

大学教育出版

はじめに
―映像アーカイブと情報メディアの革命―

インターネットの発展がもたらしたもの

　デジタル化の進展とインターネットの発展は、情報メディアに革命的ともいえる変革をもたらした。その革命の根幹をなす動力は、インターネットが有する双方向性であるといえる。

　テレビ、新聞、雑誌といった伝統的マスメディアは、送り手から受け手へと情報を一方向に送ることを基幹としていた。それに対し、Wikipedia（ウィキペディア）やYouTube（ユーチューブ）のようなインターネット上のサービスにおいては、受け手と送り手が双方向で結ばれているために、受け手の側から送り手のもとへ情報を取りにいくことができる。また、従来の受け手が送り手となって情報を送ることもできる。

　本書が扱う題材である映像アーカイブに対しても、こうしたメディアの転換は大きな影響を及ぼしている。

　際立った変化の一つは、多くの映像アーカイブがサイトを開設し、オンラインでアクセスできるようになったことである。今から20年ほど前、すなわち20世紀の終わり頃までは、映像アーカイブの所在はわずかに発行されるカタログやリストなどの印刷物によってしか確かめられなかった。それが今では、世界中にどのような映像アーカイブがあるかをいながらにして探ることができる。その上、場合によっては、オンラインで所蔵資料の検索もできる。このことについて、映像プロデューサー Sheila Curran Bernard（シーラ・カラン・バーナード）と映像リサーチャー Kenn Rabin（ケン・ラビン）は次のように記している。

　　　15年前には、リサーチャーやプロデューサーは、どんな映像資料があるか確かめに、アーカイブを直接訪ねなければならなかった。それが今では、リサーチャー

はどんどんオンラインで調査ができるようになっている。インターネットを使えば、テクスト、音楽、高解像度の写真や動く映像など、かつてないほどのさまざまな資料を見つけることができるのだ[1]。

しかし、映像アーカイブに生じた変化はそれだけではない。

20世紀の中頃までは映像を記録することができるのは、高価な撮影機を所有するごく一部の人びとだけだった。ところが、今日では、スマートフォンの普及によって、夥しい人びとが日々、映像を記録するようになった。記録するだけではなく、インターネットを通じて個人が映像を配信することも盛んになった。カメラや編集機器（PCとソフトウェア）の劇的な発達によって、10年前には膨大な費用と時間を要し、かつ専門家でなければ作成できなかった類の特殊効果が、比較的簡単に施せるようになっている。歴史上の出来事を記録した映像資料を活用したコンテンツも次々に創られている。

まさに、映像のビッグバンともいうべき事態が生じており、映像コミュニケーションの革命は日々加速しつつあるといえる。そして、それと同時に、映像に対するリテラシーもますます重要なものとなりつつある。このような時代に、映像アーカイブの意義と機能もかつてないあり方が求められているといえるだろう。

映像アーカイブをめぐる研究の現状

映像アーカイブの研究に関しては、Sam Kula（サム・クーラ）やRay Edmondson（レイ・エドモンドソン）の論考[2]が国際的に知られている。日本においては、映像アーカイブについての本格的な研究は、児玉による伝統的アーカイブズとの対比による考察や石原によるフィルムアーカイブの沿革についての詳細な論考がある[3]。また、映像アーカイブに関して、個々の施設や機関については優れた調査報告がなされている[4]。

一方、伝統的なアーカイブ（文書館）やデジタルアーカイブに関する研究、メタデータの研究、著作権の研究の中でも、映像アーカイブについて、一部言及されており、それぞれの領域で優れた研究が数多く産み出されていることは

いうまでもない。ところが、そうした映像アーカイブに関してなされた論考の多くは、伝統的なアーカイブ（文書館）に関する研究の延長上で行われたものがほとんどである。日本においては、映像アーカイブに関して、さまざまな研究領域を俯瞰しつつ、その特性と意義を包括的に分析し考察した研究は、多く現れていないのが現状であるといえるだろう。

『アーカイブズ学要論』には、「アーカイブズが取り扱う対象は、アーカイブズ分析のための第一のキーワードたる『文書』」であり、「アーカイブズとは『組織あるいは機関を運営する実務活動』に関する『文書』を『体系的に集成して蓄積する』ものである」[5]と記されている。こうした文書館の伝統に即した場合、映像アーカイブおよび映像資料に対する評価はどのようなものになるのか。

映像アーカイブの研究者として高名なサム・クーラは「（1898 年には映画が世界中で上映されていたにも関わらず）映像は、アーキビストやキュレーターから『ビナイン・ネグレクト（慇懃に無視）』され、その結果、1930 年以前のあらゆる映像はインキュナブラ（引用者注　揺籃期の印刷本。ここではきわめて貴重な稀覯書の意で用いている）とみなせる状態になっている」[6]と述べている。

イタリアのアーキビスト Maria Barbara Bertini（マリア・バルバラ・ベルティーニ）は、2008 年に著した『アーカイブとは何か』において「近年ではいわゆる『新媒体』、すなわち写真、映画、音声のアーカイブズが注目され、関心が高まっている」[7]として、次のように記している。

　　いわゆる「新史料」について
　　　この新しい呼び名は本質的に書き込み可能な新しい媒体上に写真、映画、録音記録という三つの異なった技術の発展によって最近十数年に作成された文書の類を表している。こうした種類の史料への公の関心は比較的最近のものである一方、プライベート・コレクションにおいて作られたアーカイブズは既に長い時を経て存在する[8]。

こうした表現は、映像資料と映像アーカイブが、伝統的な文書館を中核とし

たアーカイブズ学の側から意識されたのは「近年」であって、新奇な存在であることを物語っているといえる。一方、映画フィルムを保管する場所としてのアーカイブが必要であるという考えは 100 年以上前に映画が誕生した直後から存在していた。また、1930 年代には、ヨーロッパやアメリカで、さまざまな形態による映像アーカイブが設立された。ベルティーニがいう「プライベート・コレクションにおいて作られたアーカイブは既に長い時を経て存在する」という対象は、そうした映像アーカイブ群を指すとも考えられる。

　しかし、そうした映像アーカイブが存在していたにもかかわらず、伝統的なアーカイブズ学の側から「慇懃に無視されて」きた理由は、いろいろと考えられる。

　一つは映像アーカイブ成立の事情やその後の発展の経緯による。そもそも映像資料の保存が始められるようになったのは、伝統的な文書館のように組織の記録を公的に残すためではなく、映画フィルムが重要なものとみなされず放置されたまま消失していくことを心配した人びとの発意によるものだったのである。

　もう一つは、映像という映像アーカイブが扱う資料が生成され始めたのは、19 世紀末のことであり、文書、書物、博物といった古くからある情報資料に比べればはるかに「新しい」こと、そのため、文書館、図書館、博物館といった伝統的な機関の側では映像に対する知見が少ないことによる。さらに、そうした理由に加えて、映像という資料が、文書、書物、博物といった、伝統的な情報資料からは、かけ離れたさまざまな特性を有していることにもよる。「『伝統的な』アーキビストは、視聴覚コレクションを管理する専門知識を持たないことが多い」[9] といわれるが、それは必ずしも保存に関してだけではなく、映像資料の利用、記述、諸権利、同定や検証といった事項にも及ぶものであろう。

　また、映像アーカイブは、公的なアーカイブであっても企業内のアーカイブであっても、映像制作者によって頻繁に「使われるアーカイブ」である。映像アーカイブに収蔵された映像資料を利用した映像コンテンツが、日々、生産され、その映像コンテンツがまた新たな映像資料となって映像アーカイブに収蔵されるというサイクルがある。

　2018 年に、Jean-Luc Godard（ジャン＝リュック・ゴダール）監督が映像資料を駆使して制作した映画『イメージの木』が、カンヌ映画祭のスペシャル・パルムドールを受賞したことも記憶に新しい。

　従来の映像アーカイブをめぐる論考では、このような映像制作と映像アーカイブの間に存在するコンテンツの循環構造の片側、すなわち、映像資料を映像アーカイブが収集し保存する過程のみが、議論され、もう片側、すなわち、映像アーカイブにある映像資料を調査し利用するといった過程については、深く議論されることは少なかったきらいがある。あるいは、仮に議論されるにしても、両者は別個に、すなわち、一方は映像資料を収集し保存する側の視点、他方は映像資料を調査し利用する側の視点から考察されることが通常であったと考えられる。

本書の目的と方法

　本書は映像アーカイブを考察の対象とするが、映画フィルムの修復法や映像資料の目録作成など、その技術的側面について詳述しようとするものではない。本書は、映像アーカイブを映像メディアにおけるコンテンツ再生産の中核と位置づけてその特性を分析し、映像コミュニケーション革命のさなかにあって発揮されるべき、その機能と意義を明らかにすることを目的とする。

　映像アーカイブが伝統的なアーカイブの側からアプローチされることがなかったことの要因には、映像メディア特有の発展過程がもたらす複雑性があると仮定される。映像メディアは、わずか 100 年あまりのあいだに、映画からテレビへ、そしてインターネット配信へと転換してきた。『映像メディア論』では、それら 3 者が転換の過程では断絶しつつも、結果として先行するメディアが後発のメディアに包含されるという階層を形成していることを述べた。映像アーカイブに関するこれまでの研究では、こうした映画、テレビ、インターネット配信について、3 者の特性に深く言及することなく、論じられてきたといえる。本書では、上記の仮定を検証するために、三つの映像メディアそれぞれの特性および 3 者の階層性について、随時、参照しつつ、論を進める。

　また、映像アーカイブが伝統的なアーカイブ研究の範疇におさまらないこと

の要因には、映像アーカイブが伝統的な文書館、博物館、図書館のいずれとも異なる特性を有し、その収蔵する資料である映像コンテンツも、伝統的な機関のそれらとは異なる特性を有することにあると仮定される。本書は、映像アーカイブおよび映像資料の特性がどのようなものであるかを分析し考察する過程で、文書館、図書館、博物館など伝統的な資料保存機関やそれらの収蔵する資料について触れるが、映像アーカイブをそれらの延長上あるいはそれらの分枝としてとらえるのではなく、それらから独立した存在として比較することによって分析と考察を進める。

さらに、本書では、映像アーカイブにおける映像資料の収集・保存と調査・利用どちらかのみの視点に立脚するのではなく、コンテンツ再生産における循環の構造を包括的にとらえ、その全体を、有機的な関係に位置づけて論じる。そして、これら循環構造において、もっぱら収集と保存の側に存在する映像アーキビストだけではなく、もう片方の側すなわち調査と利用の側に存在する映像リサーチャーについても言及する。従来、保存と利用はともすれば相反する行為ととらえられがちだった。しかし、本書では、両者を車の両輪として、映像アーカイブの機能を十全に発揮させる相補的関係にあると位置づけ、どちらをも欠くべからざる営為としてとらえる。

論考の過程では、関連するさまざまな専門領域に言及するが、もとよりこの小著で、アーカイブズ学、情報学、法学などについて詳細に論じることは不可能であり、それらの領域に門外漢の筆者が、専門的な分析を行うべくもない。本書は、それらの領域の表層に投影される映像アーカイブと映像資料の特性について考察する。そのことが、逆に、映像アーカイブと映像資料、ひいては映像メディアと映像コンテンツの本質を浮かびあがらせるものとも期待される。

用語の定義

本書では、「映像」という語については、『映像メディア論』で詳述したとおり、静止画の連続による「動く映像」（動的映像）として規定する。

ユネスコ（国際連合教育科学文化機関）の「動的映像の保護及び保存に関する勧告」は、「動的映像」を、「支持物に記録された映像の連続（記録の方法

或いは最初のまたはそれに続く固定に使用されるフィルム、テープ又はレコードのような支持物の性質のいかんを問わない）であって、音声を伴い又は伴わず、映写されたときに動的印象を与え、かつ、公衆への伝達若しくは頒布の意図をもち、又は記録を目的として製作されるもの」[10] と定義している。映像という語は、英語では、Moving Image であり、このように「動的映像」と訳されることもある。一方、著作権の議論においては「現在『映像』という語で理解され、我々が接しているものは、従来、『映画』と呼ばれてきた『影像の、または影像と音の連続』が、伝送形態の多様な形をとって現れているものである」[11] とされる。本書では、上述のとおり、動く映像について原則として「映像」という語を用い、特に静止画と区別することが必要な場合などには、「動的」あるいは「動く」という語を冠する。

　アーカイブという語について、アーカイブズ学では、単数としてのアーカイブは施設や機関を表し、複数としてのアーカイブズは文書史料（群）を表すとされる場合がある。これに対して、「『多様な資料の蓄積・整理』が『アーカイブ』の名のもとでまとめられつつある」[12] ともいわれ、「伝統的アーカイブズが『アーカイブ』の部分を重視し、『アーカイブズ』概念の枠組の中で情報のあり方のひとつとしてのデジタルを考えるのに対し、デジタルアーカイブは、デジタル情報を扱うということに意識が集中しており、アーカイブはその『データの置き場所』とシンプルに捉えている」[13] とも指摘されている。後者のきわめて広義な概念を用いれば、アーカイブには、文書館だけでなく、インターネット上のレポジトリまでもが含まれるといえる。一方、「映像の世界では、『蓄積された過去のコンテンツ』も、それを収蔵する組織・機関も、国際的に『アーカイブ』と呼ばれる」[14] という指摘もある。これらのことを踏まえて、本書では、原則として、映像コンテンツを収蔵する機関と資料（群）を包括する概念として映像アーカイブという語を用いる。ただし、特にその収蔵する資料（群）について述べる場合は、映像資料という語を用いる。

　アーキビストとは、「アーカイブズに携わる専門家」をいうとされる[15] が、本書は、場合により、アーカイブについての専門的な研究者を含む意味でも用いる。

　映像メディアと称した場合のメディアについては、本書では、もっぱら伝送路および産業としての性格を帯びる語として用い、具体的には、映画産業（制作会社と配給網）、放送事業（テレビ局と放送ネットワーク）、インターネット配信事業（動画配信サイトあるいはプラットフォーム）を指すものとする。映像コンテンツと称した場合のコンテンツについては、映画作品、テレビ番組、動画ファイルなどの具体的な映像情報を指すものとする。

　digital の日本語表記には、デジタルとディジタルがあるが、アーカイブに冠せられる場合には、学会名などでもデジタルが用いられているため、本書ではデジタルに統一する。

本書の構成

　以下、本書では、第 1 章で、映像アーカイブの意義と多様性について概説し。第 2 章で、映像アーカイブの起源に立ち返りつつ、類型を考察する。第 3 章では、映像アーカイブにおける資料の特性を分析し、「発掘」映像の価値について考察する。第 4 章では、映像資料の利用とコンテンツの再生産について分析し、ニュース映画と「フェイク」映像について考察する。第 5 章では、映像資料の情報記述について分析し、映像の内容を言葉でどう記述するかを考察する。第 6 章では、映像資料に関わる諸権利について分析し、映像メディアの 3 階層との関連を考察する。第 7 章では、映像資料利用の諸相について分析し、映像リサーチャーの機能を考察する。最後に第 8 章では、YouTube と映像アーカイブ、デジタル技術と映像資料の関連について分析し、映像アーカイブの公共性を考察する。

　映像アーカイブは、その生成の過程がさまざまであり、初期においてはアーカイブ（文書館）を母体とするものよりも、むしろ、博物館・美術館や図書館から派生した施設や機関が目立つ。また、個人のコレクションから生まれて公的な機関として発展した映像アーカイブもある。国際フィルムアーカイブ連盟（FIAF）の加盟機関にも、「フィルムミュージアム（映画博物館）やシネマテークといった呼称が混在する」[16)] のである。映像アーカイブは多様性の産物であるといえる。

　その多様性を具体的に示すために、本書では、「世界の映像アーカイブ」と題したコラムを各章の後に設けた。いずれも、筆者が近年実際に訪れた映像アーカイブである。もちろん、これら以外にも重要な映像アーカイブは数多くある。また、筆者自身も制作者あるいは研究者としてだけではなく、一般利用者として訪れた場合も含めて、数多くの映像アーカイブを訪ねている。本書では、それらの中から特に本文に関係の深いアーカイブを選んで紹介する。

映像アーカイブ論
―記録と記憶が照射する未来―

目　次

第 1 章
映像アーカイブの意義と多様性

1-1　映像アーカイブとは何か

　映像アーカイブの概念と定義はどのようなものと考えうるだろうか。本節では、まず「アーカイブ」という語の意味するところについて検討する。

　いわゆる文書館としてのアーカイブは、中世イタリアの都市国家において発達したことが知られている。このことの結果、現在のイタリアの各地にかつての都市国家における重要文書を収蔵するアーカイブが存在する。イタリアには、100 館以上の「国立文書館」が設置され、「文書保護局」が「アーカイブズの所在調査や保護を担当」する。また、「イタリアのアーキビストは、国家によって認定され、国家公務員として各文書館で活動しており、採用の要件や養成についても厳格に定められている」[17] という。

　そのイタリアにおいては、アーカイブはどのように定義されているだろうか。

　イタリアのアーキビスト Maria Barbara Bertini（マリア・バルバラ・ベルティーニ）は、その著書『アーカイブとは何か』で、アーカイブについて次のように記している。

　　　「アーカイブ（archivio）」という言葉は —— 図書館（biblioteca）や絵画館（pinacoteca）といった言葉のように —— 用途によって様々な、補完的な意味合いを取ることが出来る。実際、次のようにまとめることが可能である。

　　・文書の集成
　　・建物、すなわちアーカイブが保存されている場所
　　・こうした保存に従事する機関または事務所 [18]

　このうち 2 番目の定義は、アーカイブの語源にも関わっている。アーカイブ
という用語は、ギリシア語の名詞アルケイオン archeion に由来し、文書を管
理する立場の者がいる建物を指すものだったのである。

　ベルティーニによれば、アーカイブは（1）文書すなわち資料そのもの（の
集成）、（2）文書を収めた建物、（3）文書の保存に携わる機関という三つの定
義を有することになる。これら三つの定義は互いに重なり合い、場合によって
すべてを兼ね備えることになる。たとえば、ある特定の建物の中で、ある特定
の機関が保存作業を行っており、そこには資料が集積されるという場合であ
る。ただし、いずれの場合においても、アーカイブの扱う資料は文書であると
いうことになる。

　アーカイブ（Archive）は、いわゆる MLA の一つとして博物館・美術館
（Museum）および図書館（Library）と並び称されることがある。これら 3 者
すなわち、「図書館と博物館・美術館と文書館、つまりライブラリーとミュー
ジアムとアーカイブは、いずれも歴史的ないしは文化的資料を収集し、保存
し、公開し、再活用する使命を帯びている点で共通性が高い」[19] といわれる。

　そのような共通点を除けば、3 者の相違は、第一義的には、その扱う資料に
あると考えられる。3 者がそれぞれ「図書」「博物（美術）」「文書」と扱う資
料の名称を「館」という語の前に付していることから、あえて簡約すれば、そ
の名称が示すとおり、図書館は主として図書、博物館は主として博物、文書館
は文書ということになろう。なお、これらのうち、博物とは、国際博物館会議
（イコム）International Council of Museums: ICOM の『イコム職業倫理規
程』においては、（博物館が扱う文化遺産として）「美的、歴史的、科学的もし
くは精神的に重要であるとみなされるあらゆる概念または事物」[20] と定義され
ている。

　むろん、図書館は必ずしも図書（書物）のかたちで表されてはいない記録も

収蔵し、博物館の事物には図書（書物）も含まれうることから、両者の扱う情報資源には重複がありうる。また、文書館においても、文書が書物としてまとめられている場合もありうるから、文書館が扱う情報資源も図書館と重複しうることになる。

　しかし、文書館（アーカイブ）については、その扱う資料だけではない相違が図書館や博物館に対して存在するともいわれる。その文書の集成には、ある特性が求められ、また、集成においてはそれに従事する機関が深く関わるという考え方である。

　イタリアのアーキビスト Elio Lodolini（エリオ・ロドリーニ）は文書館における文書の集成を、「蒐集者やコレクターの恣意によって形成された集成・コレクションとは絶対的に異なっている —— と言うより、全く相反するものである」[21] としている。ベルティーニもまた、アーカイブにおける文書について、次のように定義している。

> 　保存されることになった文書は来るべき閲覧に備えて、蒐集され、組織化されなければならない。（中略）
> 　アーカイブズ文書は基本的な二つの特徴を持っている。
> 　・特定の作成団体または時代とともに現れる、似たような特色を持った団体の活動の結果であること。
> 　・団体の活動の中での作成と同じ整理方法によって定められた順序を持つ、すなわち同じ作成団体の文書においては「アーカイブ結合（vincolo archivistico）」という言葉で呼ばれるアーカイブ原則の関係において決められていること。
> 　もしこの二つの条件が存在しないならば、様々な利用のために集められた文書の存在を前にしているだけで、それらはアーカイブ文書ではないのである [22]。

　ここでは、その資料の保存態様までが厳密に規定されている。単なる「コレクション」ではなく、「資料・情報を、その体系を活かして保存」されている情報資源を扱うのが、文書館であることになる。

　日本でも、大西［編］『アーカイブ事典』は、「母体組織の記録史料を継続的に受け入れる機能こそ、博物館や図書館と異なる文書館の最大の特徴」[23] であ

るとする。また、その資料は、「個人または組織がその活動の中で作成または収受し蓄積した記録のうち、組織運営上、研究上、その他さまざまな利用価値のゆえに永続的に保存されるもの」[24]とする。

オランダで 1898 年に発行された The Manual for the Arrangement and Description of Archives は、「アーカイブに関する理論と方法論の出発点」[25]とみなされている。このマニュアルでは、「収集意図を持ってひとつひとつ集められた資料群と、ある業務を遂行する過程で自然に生み出される資料群とは、ここで明確に区別されており、アーカイブズとは後者である」[26]とされる。

そのオランダのアーキビスト Eric Ketelaar（エリック・ケテラール）はアーカイブ（文書館）と図書館や博物館との違いを次のように記している。

> アーカイブズが他のいずれの記憶機関とも異なる点は、アーカイブズが保存する個人や組織の記憶、そして集合的記憶が、主として文化遺産という観点からは定義されないことです[27]。

一方、こうしたアーカイブの文書について、蒐集の経緯が異なる 2 種の資料群を並列的にとらえる考え方もある。たとえば、アメリカのアーキビスト Mark A. Greene（マーク・A・グリーン）による次のような定義がある。

> 米国のカレッジおよびユニバーシティには、二種類の記録保管施設（repository）が存在する可能性があり、多くの場合実際に存在する。（中略）一方は大学の機関アーカイブ（institutional archives）、つまり学校自身の記録であり、他方は学外で作成され寄贈された資料から成る手稿資料コレクション（manuscript collections）やその他「特殊」コレクションと呼ばれるものである[28]。

この考え方は、組織において生成される文書を保管する「インスティテューショナル・アーカイブ（機関アーカイブ）」と、自らが集めてくる資料（寄贈される場合もある）を保管する「コレクティング・アーカイブ（収集アーカイブ）」とを併置して考察するものである。小川は、「社会史的に見ていく場合には、インスティテューショナルこそが社会そのものの足跡をきちんと跡付けていくものであり、コレクティングの方はコレクターの意図が非常に如実に反

映」[29] されるとしている。

　日本では、「インスティテューショナル・アーカイブ（機関アーカイブ）」を「組織アーカイブズ」、「コレクティング・アーカイブ（収集アーカイブ）」を「収集アーカイブズ」と呼ぶ場合もある。松崎によれば、両者は次のように定義される。

　　　「組織アーカイブズ」とは in-house archives あるいは institutional archives といわれるもので、ある組織体の記録を保存するために組織内に設けられたアーカイブズである。「収集アーカイブズ」は collecting archives あるいは collecting repository と呼ばれるもので、記録が作成・収受された組織とは別の、外部の収集保存専門機関といえる[30]。

　文書館については、組織が生成する資料を体系的に保存する機関であるという、いわば狭義の定義と、そうした組織アーカイブに加えて、外部の資料も収集する機関もあるという、いわば広義の定義が存在するといえるだろう。

　では、映像アーカイブはどうか。

　映像アーカイブにおいても、アメリカの国立公文書館のように、映像を制作した組織における資料の体系を保持しているところもある。しかし、他の多くの映像アーカイブは、必ずしも資料の体系を保持していない。

　たとえば、フランスの映像アーカイブ、シネマテーク・フランセーズが有する映像資料は他の映画会社が制作した映画のコレクションである。また、アメリカの MoMA（現代美術館）や日本の国立映画アーカイブも、やはり、その有する映像資料は他の映画会社が制作した映画のコレクションであって、そのコレクションの構造は元の映画会社の制作や配給の体系とは直接的な関係を有していない。むしろ、図書館におけるフィルム・ライブラリーに近い形態であるとも考えられる。

　「映像資料 Film を保管する機関においては、『図書館 Library』という語と『文書館 Archive』という語はしばしば同意の語として（そして時には『博物館 Museum』さえも同意の語として）扱われる」[31] といわれる所以である。

　映像アーカイブにおいてもアーキビストは、映画など（動く）映像の保存と

管理に責任を持つことに変わりはない。また、映像資料に関しては、そうした映像アーキビストとは別に、映像ライブラリアンと呼ぶべきという主張もある。映像のライブラリアンは、映画など（動く）映像のドキュメンテーションを行い、映像に関する文書資料の保存にも関わる[32]とされる。

　上述のとおり、映像アーキビストに加えて映像ライブラリアンという呼称が併存することも映像アーカイブが文書館と図書館の両義性を有することの証左といえるだろう。

　「映像アーカイブ」を広義にとらえれば、図書館や博物館の機能を持つ存在や、ひいてはインターネット上のレポジトリとしての存在も含まれうるといえる。実際に、図書館や博物館がそれ自体として、あるいはその一部門として、映像ライブラリーや映像資料保存所を有し、貸出や展示をすることにより、事実上の映像アーカイブとして機能している場合も多い。

　しかし、映像アーカイブが有する多様性は、その資料の収集方法だけにあるのではない。その資料すなわち映像の利用のされ方にもある。次節では、映像アーカイブにおける資料の利用について検討する。

1-2　映像資料の利用と映像アーカイブにおけるコンテンツの再生産

　映像資料の利用（アクセス）のされ方には、大きく分けて「視聴」と「提供」の二つがあると考えられる。前者は、研究者や一般に向けた、施設内外での上映や設置端末での視聴あるいはパッケージ（DVD や BD など）やウェブでの公開などである。後者は、組織内または組織外における映像コンテンツの再生産（再放送を含む）への素材提供である。

　二つのうち、後者はとりわけ映像アーカイブに特徴的な利用の態様である。その様相を図示すれば、次の図 1（次頁）のようになる。

　図に示したように、映像の制作と保存は循環構造をなしている。すなわち、プロダクション（制作者）によって制作された映像コンテンツは、記録資料となって映像アーカイブに保存される。一方、映像アーカイブに保存されてい

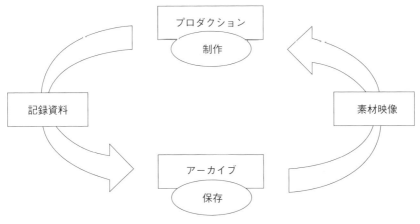

図1　映像制作と保存の循環構造

る、その映像コンテンツは、プロダクションの側からみれば、新たなコンテンツを制作する際に、その中に挿入するための素材映像となる。かくして、映像アーカイブに対して、資料提供の交渉が行われ、条件が合意されれば、プロダクションに提供される。このようにして制作された「新たな」映像コンテンツは、今度は、「新たな」記録資料となって、映像アーカイブに収納される。一種のらせん形循環構造が形成されうるといえる。

　早い時期に、映像資料を活用して新たな映像コンテンツを作成した例としては、1920年代のEsfir Shub（エスフィリ・シューブ）の作品が挙げられる。さらに、テレビが新たな映像メディアとして登場して以降は、映像アーカイブに収蔵されているニュース映画などの映像資料を活用して、歴史番組を制作することも行われるようになった。今日では、デジタル化の進展とインターネットの普及によって、映像サイトの映像資料が、他の映像コンテンツの素材として挿入されることがさらに大規模に行われている。

　こうした資料の利用のされ方は、伝統的なアーカイブ（文書館）や図書館あるいは博物館における資料の利用のされ方とは次元が異なっている。たとえば企業内のアーカイブ（文書館）に収蔵された資料が、再び企業の業務に利用される場合には、それはあくまで前例を参照するためであって、その文書が新た

な製品に埋め込まれるわけではない。映像アーカイブが収蔵する映像資料は、もちろん参考のために視聴される場合もあるが、それが直接新たな製品（映像コンテンツ）に埋め込まれて利用されるという点で、文書館などの資料とは決定的な相違を示している。このことについては、第4章でさらに詳しく検討する。

1-3 記録と記憶を保存する場としての映像アーカイブ

映像が情報を伝える力について、日本で早くから注目していた人物は、梅棹忠夫である。

1977年に開館した国立民族学博物館の初代館長を務めた梅棹は、『メディアとしての博物館』と題した著書に、「博物館は、通常はもの、すなわち実物あるいは標本類をあつめるところと理解されて」いるが、「さまざまな情報こそは、博物館の重要な収集の対象」であると記し、博物館ではなく、博情報館あるいは博情館という語を掲げた。

> 博物館は、情報機関であります。それぞれの分野に応じて、ひろく情報を収集し、蓄積し、変換し、創造し、伝達する。そういう機関であります。そして、集積された膨大な情報のなかから、最新の、正確な知識を市民に提供する、これが博物館の仕事であります[33]。

梅棹は、多数のビデオデッキを並べた部屋とモニターを設置したブースを並べた部屋を回線で結び、ブース内の装置を用いて好きな番組を選んで視聴できる仕組みを構築した。「ふつうのテレビとはちがって、数百ある番組のなかから、自分のみたいものをえらんで、プッシュ・ボタンでよびだしてもらう。あとはコンピュータとロボットがうごいて、そのビデオが自動的にブラウン管にうつしだされる、という装置」[34] である。ビデオテークと呼ばれたこのシステムは、館内だけの、いわばスタンドアローンの設備ではあったが、仕組みは現在のオンデマンドと同様の原理によるといってよい。インターネットの無い時代に、館内だけの設備とはいえ、当時の機器を用いて半世紀近く前に今日と同様のこ

とを実現したのである。まさに時代を先取りする営為であったといえる。

　梅棹は、次のようにも記している。

　　　博物館の仕事をやってみて実感したのは、これは、教育とはべつの意味での情
　　報産業である、ということであった。それは放送事業などに似ている。博物館が
　　市民に提供できるものは、物質ではない。工場で生産し、流通機構にのせて、消
　　費者に商品の形で、なんらかの製品をおくりとどけるという仕事ではない。博物
　　館が提供できるのは、ただ情報だけである。その意味では、博物館は新聞よりも
　　テレビに似ている[35]。

　梅棹は、「わたしどもの博物館は（中略）フィルムのライブラリーの機能も
はたしたいとおもっております」[36]とも語っていた。

　今日では多くの博物館で映像による資料の解説や映像資料自体を博物と並
列して上映することが行われているが、梅棹は半世紀近く前から情報メディア
における映像の重要性を意識していたといえるだろう。

　映像を博物館の展示として活用するという手法は、今日では世界中の博物
館で用いられている。たとえば、2020年にフランス・リヨンの服飾博物館で
開かれたYves Saint-Laurent（イヴ・サン＝ローラン）の企画展では、サン
ローランのオートクチュールコレクションの衣装や布地、デザイン画などと並
んで、サンローランのファッション・ショーの映像が重要な役割を果たしてい
た。あるいは、イギリスのリバプール服飾博物館では、中世の人びとがどのよ
うに衣装を着付けていたかを再現した動画が、その衣装を深く理解し鑑賞する
ために欠かせないものとなっている。

　オランダのアーキビストTheo Tomasen（テオ・トマセン）は、「記録は、
人や組織そして社会の記憶として機能する。人は思い出すために、そして思い
出させるために、あるいは思い出してもらうために記録を保存しておく」[37]と
記している。また、ケテラールは、日本で行った講演で、記録が記憶と結びつ
くことに関して、次のように述べている。

　　　アーカイビング（archiving）とは、記憶とアーカイブズの作成と管理から使
　　用までのすべての活動であり、すなわち、人の活動と経験の真正な証拠を、時を

超えて伝達することを意味します。（中略）時を超えた証拠の伝達。アーカイブズ、図書館、博物館はすべて「記憶ビジネス」の仲間で、「過去の時の中に含まれる未来の時」を保全します[38]。

　映像資料は、こうしたいわば「世界の共通の記憶」を生成するという重要な役割を果たしている。単なる説明資料としてではなく、そこで見た光景は、動く映像の情報力とともに、人びとの記憶として共有される。そして、その記憶はわれわれが未来を考える時の大きな糧になるといえる。それは、人類未曾有の惨禍を記録した映像が、アメリカ・ワシントン D.C. のホロコースト博物館で常時上映されていることにも象徴されているだろう。

　ホロコースト博物館には、ゲットーや収容所を再現した展示もあるが、その展示の中心は、むしろ館内のいたる所に設置されたモニターに映し出されるホロコーストの映像資料であるといえる。

　そのホールには、アウシュヴィッツ強制収容所の生存者である Elie Wiesel（エリ・ヴィーゼル）の "This Museum is not an answer. It is a question"（「この博物館は答えではない、問いである」）という言葉が掲げられている。もう一つ幕があり、そこには、"What's YOUR question"（「あなたの問いは何か」）という一文が #AskWhy というハッシュタグと共に記されている。

　こうした貴重な過去の記録と記憶は、それが未来を形作るもの、すなわちわれわれの社会を形成するための重要な糧であるだけに、大切に守り、また、的確に取り扱うべきものであるといえる。

　一方、このように映像資料が重要な価値を有する時代にあっては、映像に関するリテラシー、特にフェイク映像に対抗する能力を身につけることも喫緊の課題となりつつある。

　映像を記録するという行為は、後から公的記録を改竄するというだけでなく、その映像が制作された時からなんらかの意図をもって作られることにつながる。カメラがその場に居合わせないと撮影ができず、また、矩形のフレームで切り取られた画角の中にしか情報が納められない、など映像（動く映像としての映画やビデオ）がもつさまざまな特質が、制作者の意図が存在するかどう

かにかかわらず、現実を必ずしも忠実に切り取ったものにならない（実写であるために一見、現実を完全に客観的に切り取ったように見えるにもかかわらず）という性質を有しているためである。これに、映像の断片を自由に切り貼りして時間と空間を操作するモンタージュなどの編集が加われば、何も知らない人がみれば客観的な映像が実は主観によってゆがめられたものであることは多々ある。「カメラは嘘をつく（ことができる）」[39] のである。映像のリテラシーに関しては、後から加えられた改竄だけでなく、制作の時点からその映像に込められた意図や背景を見抜く力も重要となる。映像アーカイブと映像資料を取り扱う際に、映像の特性を的確に理解し、深いリテラシーを身につけておくことが何よりも肝要となる所以である。

〈コラム〉　世界の映像アーカイブ（1）

リュミエール博物館（フランス・リヨン）

　19世紀の末、シネマトグラフを開発し、映画というメディアを「誕生」させたリュミエール兄弟。リュミエール社が制作した映像は、2005年にユネスコの「世界の記憶」に登録された。リュミエール一家は、フランス・リヨンで写真用材の製造業を営んでいた。一家の邸宅は、今、博物館となって、当時の姿をとどめている。館内には、古いカメラの機材や映画誕生以前のアニメーション装置であるプラキシノスコープなどに加え、エジソンの発明によるキネトスコープという映写装置も展示されており、実際に小さな窓を覗いて、箱の中で動く映像を観ることができる。

　写真の建物は表通りに面した側から撮影したものだが、博物館の入り口は、向かって右側の門をくぐった先にある。建物の裏は小さな公園のような中庭になっており、リュミエール研究所の建物が庭の向こうに見える。遊歩道を通って別の門から出ると、小さな通りがあり、近辺には、リュミエールにちなんだカフェや映画専門の書店がある小道があって、映画の「聖地」にふさわしい佇まいがある。

　その通りに面して、研究所（シネマテーク）の入り口がある。入り口の脇には、工場の出口に模したパネルが掲げられており、ここが、1895年、映画誕生の時にあたって上映された「工場の出口」[40]という映像が撮影された場所であることを示している。研究所とシネマテークは、その工場の跡地に建てられており、今も、映画という製品のアイデアを産み出す「工場の出口」であり続けている。

第**2**章
映像アーカイブの生成と類型

2-1　映像アーカイブの起源と発展

　映像アーカイブが、伝統的な文書館型のアーカイブとは必ずしも同一でない態様を示す所以は、その生成の経緯と映像メディア特有の発展段階に起因する。

　映画がメディアとして誕生したのは、一般には、1895 年、フランスのリュミエール兄弟が料金を徴収して観客の前で上映した時とされている。そのわずか 3 年後の 1898 年、ポーランド人 Bolesøaw Matuszewski.（ボレスワフ・マトゥシェフスキ）が Une nouvelle source de l'histoire（『新たな歴史の資料』）という記事をフランスの新聞に掲載し、「映画の博物館あるいは保管所」の創設を呼びかけた。しかし、映画研究者の Penelope Houston（ペネロペ・ヒューストン）はマトゥシェフスキのこの先駆的な提言に「真剣な興味を示す者はなかった」[41] としている。当時、そして、その後も長い間、制作者たちは映画を「単なる娯楽の道具で商業的収益をもたらす以外の価値はない」[42] とみなしていたのである。

　映画を保存することに対する意識が現れたのは、その誕生から 10 年ほどたった 1906 年である。同年 12 月 1 日発行の雑誌 Views and Film Index（後の The Film Index）に「我々はしばしばこの数年の間につくられた映画はどこに消えてしまったのかといぶかしむ。そして、映画の制作者は自分たちが歴史をつくっていることに気づいているだろうかという疑問が繰り返しわれわれ

の心に浮かぶのである」[43]という言及が載ったのだ。

　映画を保存しようという活動は、すぐに顕在化することはなかった。アメリカにおいては、1912年に設立されたFamous Player's Film（フェイマス・プレイヤーズ・フィルム）という会社が公開した映画の複製をコロンビア大学において保管するという申し出をした。これが、映画フィルム保存に関する初期の事例であるといわれている[44]。

　当時、アメリカ議会図書館 The Library of Congress が、著作物の国家的保管機関とされていたが、映画フィルムは著作権法には規定されていなかった。1912年に著作権法が改正され（Townsend Amendment of 1912）、映画フィルムが新たな著作権のカテゴリーとして設けられた。しかし、その後も、議会図書館は映画フィルムのための保管場所と要員を持たなかったため、映画フィルムではなく映画に関する資料の収集を主とする方針をとった。その結果、1912年から1942年までの30年間に議会図書館が収集した映画フィルムは30本にしかすぎなかったという[45]。

　一方、ロスアンジェルスで設立されたアカデミーは、1928年にはフィルム・リサーチ・ライブラリーを設け、1929年には収集を開始したが、その主な対象は映画に関する文献や文書資料だった[46]とされる。

　映像アーカイブが初めて設立されたのが、いつ、どこの国においてであるかは諸説あるが、その設立が本格化したのは1930年代のことである。

　1934年、アメリカで国立公文書施設（The National Archives and Records Service: NARS、現在のアメリカ国立公文書記録管理局（National Archives and Records Administration: NARA）が設立された。NARSのMotion Pictures and Sound Recordings Division（映像録音部門）は、連邦政府が制作する公的な映像資料と歴史的価値のある映画の双方を保管する目的を持っていた[47]。しかし、国立公文書館も議会図書館と同様、不十分な予算と保管場所の不足が資料の収集を阻害したとされる[48]。

　アメリカにおける議会図書館と国立公文書館はいずれも巨大な公的機関であり、現在では世界有数の映像アーカイブともなっている。しかし、その初期においては、それぞれ図書館あるいは文書館が紙の資史料を扱うという、一種

の束縛のもとで、映像資料（映画フィルム）は、看過されやすい存在だったといえる。こうした状況に対し、アメリカにおいては、博物館（美術館）が映画フィルムを収集し保存する役を果たすことになった。

　映画史研究者の Anthony Slide（アンソニー・スライド）は、「アメリカにおける本格的な映画フィルム保存の活動は、1935 年の近代美術館（The Museum of Modern Art: MoMA）におけるフィルム・ライブラリー設立の時とみなすことができる」[49] と記している。MoMA（近代美術館）のフィルム・ライブラリーは MoMA とは別個の機関（フィルム・ライブラリー・コーポレーション）として設立され、映画評論家の Iris Barry（アイリス・バリー）がキュレーターとなった。

　設立の時期は、より後になるが、日本においても、最初の公的な映像アーカイブとなったのは、美術館に設置されたフィルムセンターだった。1952 年、国立近代美術館（1967 年以降は東京国立近代美術館）が設置され、「事業課普及広報係の事業の一つとして、国立機関としては初めて映画事業（フィルム・ライブラリー）が開始」[50] されたのである。東京の近代美術館は、「ニューヨーク近代美術館（MoMA）を模範とし、開館と同時にフィルム・ライブラリーを有していた」[51] と評される。その後、1969 年に東京国立近代美術館にフィルムセンターが設置され、翌年に開館、2018 年に国立映画アーカイブとなって現在にいたっている。

　MoMA のフィルム・ライブラリーにおいて、キュレーターとなったバリーは、映画を芸術として称揚するだけでなく、その学術的研究のためにも、映像資料を保管し利用できるシステムが必要であると唱えた先駆的な人物だった。バリーは、後に、映画研究と文学研究を比較して「1 年ほど前に出版された本しか手に入らないなどということは考えられない」[52] と述べている。

　バリーの手腕によって、MoMA のフィルム・ライブラリー事業は順調に発展し、1936 年には教育機関に映画を貸しだす巡回上映を開始、1938 年には、MoMA 自体に映画館が設けられた[53]。その一方で、ハリウッドの映画会社と交渉して、映像作品の寄贈を求めた。また、1936 年にはヨーロッパに赴き、それまでアメリカでは知られていなかったサイレント映画の古典や（当時の）

前衛映画を収集した [54]。

　そのヨーロッパでは、バリーのアメリカでの活動に呼応するかのように、各国で映像アーカイブ創設の動きが生じていた。

　フランスでは、映画に関するあらゆるものを収集していた Henri Langlois（アンリ・ラングロワ）が、1936 年にパリでシネマテーク・フランセーズを創設した [55]。バリーはパリを訪れてラングロワと会い、二人はすぐに「親しくなった」[56] という。シネマテークはその後、紆余曲折の後、場所を移転し、現在は、博物館としても機能し、映画の上映も行っている。また、館内にはライブラリーも備えている。

　イギリスでは、英国映画協会 British Film Institute の一部門である国立フィルム・ライブラリー National Film Library（後の国立映画アーカイブ National Film Archive）が設立された [57]。そして、Ernest Lindgren（アーネスト・リンドグレン）がキュレーターに任命され、本格的な活動を開始した。

　ドイツでは、ベルリンにある帝国映画アーカイブ Reichsfilmarchiv の Frank Hensel（フランク・ヘンゼル）が劇映画、ニュース映画、ドキュメンタリー映画などの大がかりなコレクションを築いていた [58]。

　こうして、1930 年代には、今日につながる映像アーカイブのいわば老舗が一斉に設立され、映像資料の保存と活用が本格的に始まったことになる。

　欧米先進国における映像アーカイブ群は、国際的な連携を強め、1938 年には、これらの映像アーカイブによって国際フィルムアーカイブ連盟 International Federation of Film Archives（FIAF）が設立されるにいたる。設立時の声明では、FIAF の目的は「世界中の重要な映画を保存すること」であり、「映画フィルムの現代の記録としての国際的重要性を認識すること」[59] であるとされた。FIAF の活動によって、実際に多くの行方不明だったアメリカ映画が発見されたという [60]。

　イタリアでは、歴史と文学の研究者だった Maria Adriana Prolo（マリア・アドリアナ・プローロ）が映画に関する資料の収集を開始し [61]、やがて、トリノに映画博物館を開設した。その後、国立映画博物館となって第二次世界大戦後の 1953 年に FIAF に参加した [62]。

　こうした国際連携の姿勢と実践をその草創期から確立していたことも、映像アーカイブの大きな特色といえる。そして、このことは、映画すなわち映像コンテンツが言語の壁を乗り越えて、映像の力によって伝播しうるものであることも示している。

　アイリス・バリーは、1946年に近代美術館フィルム・ライブラリーの監督Directorとなり、同年、FIAFの代表に選出された。その3年後、フランス政府は、そのフランス映画に対する功績を賞してバリーにレジオン・ドヌール勲章を贈った。

　これら1930年代から40年代にかけて設立された映像アーカイブの多くは今日でも各国を代表する映像アーカイブの一角を占めている。当時設立された映像アーカイブのいくつかは、文書館ではなく美術館や図書館、場合によっては個人がフィルム「ライブラリー」すなわち映画の図書館として事業を開始したものだった。その背景には、トーキーの登場によって無声映画が価値の無いものとして廃棄され、絶滅してしまうかもしれないという危機感があったといわれる。

　一方、トーキーの登場はニュース映画に音声を付加することを可能にし、1930年代の社会情勢の緊迫化と相まって、ニューズリール（定期的に上映されるニュース映画）の興隆をもたらした。そして、ニューズリールの制作会社は、映像資料を大量に蓄積し、自社内に映像アーカイブを構築することとなった。こうしたニューズリールのアーカイブには、劇映画の制作者から映像の有無と借用に関する問い合わせが頻繁に行われるようになったという[63]。映像アーカイブは早くも「使われる」アーカイブとして機能し始めたのである。

　これらのことは、映像アーカイブが、伝統的な文書館とは異なるさまざまな起源をもつことを如実に示すといえよう。

2-2 映像メディアの転換と映像アーカイブの拡大

　映像アーカイブの多様性は、その起源だけでなく、その後の映像メディアの転換にも起因する。映画からテレビへ、そしてインターネット配信へという映像メディアの転換は、映像アーカイブにも大きな変化をもたらしたのである。

　映画からテレビへの映像メディアの転換は、20 世紀の半ばに起きた。第二次世界大戦後、テレビが新たな映像メディアとして急速に普及したのだ。当初は映画会社がテレビ用のニュースを提供していたが、やがてテレビ局自身がニュース番組を制作するようになった。そして、1963 年には、ケネディ大統領の暗殺をきっかけとして、初めての 24 時間生放送がアメリカで行われたとされる [64]。この頃からテレビは、映画よりもはるかに大規模に、社会のさまざまな出来事を映像で記録するようになった。

　ビデオテープが高価でありビデオカメラとレコーダーも大型で可搬性に乏しかったため、初期のテレビ番組はフィルム素材のものを除いて、ほとんど残されていない。このことは、初期の映画がそのフィルムの可燃性への恐れとともに、保存に値しない興行のためのものであって、保存する価値がないとされていたこととは異なり、テレビの本質が同時性にあることに起因していよう。初期映画が保存されなかったのは、フィルムの扱いにくさと映画が本質は興行であるとみなされていたことによるのに対して、初期テレビが保存できなかったのは、録画装置の欠如とその本質が同時性（即時性）にあるとみなされたことによる。「番組がビデオテープに事前収録されるようになっても、テレビは生のメディアだという考えは根強かった」[65] のである。

　その後ビデオ機器の低廉化と共に、大量の映像資料が日々記録され、再放送のために保管されるようになっていく。そして、そのことが必然的にテレビ局（放送事業者）を一種の企業内における機関アーカイブとしていくことになった。

　1960 年代後半には、可搬型のビデオレコーダーとカメラが開発され、1970年代には、ENG: Electronic News Gathering と呼ばれるビデオ機材による

ニュース取材の手法が導入されて、取材の機動性が飛躍的に高まった[66]。それまでフィルムで記録されていたニュース映像もビデオテープで記録されるようになり、保管される映像資料の数量も増大した。そして、これらの映像資料はニュースの続報が制作されるたびに、それまでの振り返りとして新たなニュースの中に再利用され、新たな映像資料を産み出していく。こうして映画からテレビへの映像メディアの転換は、映像アーカイブの生成にも大きな影響をもたらした。映像メディアが20世紀の後半に映画からテレビへと転換したことによって、映像アーカイブは主として映画フィルムを収蔵することから始まったフィルムアーカイブと、テレビ番組を収蔵することから始まったテレビアーカイブとに大きく分別されることになったのである。

　1977年には、テレビアーカイブの国際組織である国際テレビアーカイブ連盟（フランス語表記は Fédération Internationale des Archives de Télévision: FIAT、英語表記は International Federation of Television Archives: IFTA、略称は FIAT/IFTA と併記される。なお日本語訳には、「テレビライブラリー国際機構」[67]「国際テレビアーカイブ機構」[68] などもある）が、ヨーロッパの放送局を中心にして設立された[69]。その後、世界各国の放送局が参加し、日本放送協会も1990年に加盟している。

　こうして、映像アーカイブの国際的組織は、映画（フィルム）アーカイブによる FIAF とテレビアーカイブによる FIAT/IFTA の2つが分立することとなった。

　『映像メディア論』では、映像メディアの転換における経験則として、(1) 断絶、(2) 包含、(3) 膨張の三つを挙げた。このうち (1) 断絶の経験則とは、「前のメディアが発展して次のメディアとなるわけではない」ことをいう。

　映像アーカイブが、映画とテレビとで2種に分かれる傾向を有するのは、こうした断絶の経験則を反映したものとみなすことができるだろう。なお、ユネスコが1980年に採択した「動的映像の保護及び保存に関する勧告」においても、「動的映像」の範疇として、(i) 映画の製作物（長編映画、短編映画、通俗科学映画、ニュース映画及び記録映画、動画及び教育映画等)、(ii) 放送事業者により又は放送事業者のために製作されるテレビの製作物、(iii) 上記 (i)

及び（ii）に掲げるもの以外のビデオグラフの製作物（ビデオグラムに収録されるもの）の三つを挙げ[70]、映画とテレビを分けている。このことも、こうした映像メディアの転換における断絶を反映しているとみなすことができよう。

　テレビの特性は映画には無かった同時性を持つコンテンツ群を有することである。このことは、テレビにおける同時中継番組やいわゆる生放送番組の存在によって裏付けられる。『映像メディア論』で述べたように「番組を収録または放送時にビデオテープに記録しておくというだけでは、媒体がフィルムからビデオに代わっただけで、本質は映画の保存と変わりは無い。映像メディアとしてのテレビが持つ同時性を記録するには、放送される番組を24時間同時録画しておくことが必要になる」[71]のである。「テレビを記録し保存することとは、コンテンツのみでなく、その編成――いつ何がどのようにして放送されたか、を記録し保存すること」[72]である。日々、どのような番組をどの順番で送り出すか、そのためには、いつどのようにして番組を企画し制作を遂行するかがテレビ局運営の根幹をなす作業といえる。したがって、テレビ局が自局の放送した番組を日々の業務に従って、デジタル化された台本や権利情報などと紐づけて体系的に保管し、再放送などの利用に備えるために、映像アーカイブを構築している場合、それはインスティテューショナルな性質を帯びるとみなすことができよう。

　テレビが有する同時性という特性は、ビデオテープによる録画装置が存在しないか、存在しても高価なものであった時代には、放送番組が記録されないという結果をもたらした。一方、編成の記録である『番組確定表』は公的な記録として残されているため、映像アーカイブであっても、録画番組が存在しない部分については、文書がその空白を補うことになる。

　映画からテレビへの展開に際しては、映画フィルムだけでなくテレビ番組もコレクションに加えるアーカイブも現れた。このことには、映像メディアの転換に際しての「包含」という経験則が反映されているといえる。そして、「膨張」の経験則によって、映像アーカイブの数が増えただけでなく、テレビが毎日、大量のコンテンツを独自に生産し始めてからは、その収蔵するコンテンツ

も増大することになったのである。

　同様のことはテレビからインターネット配信への転換に際しても生じた。映像コンテンツを収集して無料または有料で配信するサイトが出現し、従来の映画やテレビの団体には所属することもなく事業を展開し始めたのである。こうした「断絶」と平行して、インターネットの普及以前から活動していた映像アーカイブもウェブ上でさまざまなサービスを展開し、その事業の一部はインターネット配信に「包含」されることとなった。そして、インターネットで映像資料を配信するサイトと配信される映像の数量は「膨張」し続けている。

　インターネットで配信される動画のうち、特にプロフェッショナルが制作したコンテンツが事後配信される場合、慣習としてキャッチアップとライブラリーという二つの型が現状では存在する[73]。キャッチアップとは、放送に追いつくという意味で、もっぱらテレビ番組の配信において行われる様態であり、「便利な再放送」と位置づけることができる。一方、ライブラリーとは、放送が終わってからかなりの期間が経過した後、配信する様態で、インターネット配信が普及する前に制作されたテレビ番組や映画も含まれ、「便利なレンタルビデオ」と位置づけることができる[74]。これらは映像配信サイトで配信されるコンテンツである。その映像配信サイトにコンテンツを供給するのは映像アーカイブである。こうした映像配信サービスを、映像アーカイブの性格との関連で位置づけるならば、キャッチアップ配信を行う映像配信サイトは、主としてインスティテューショナルな映像ライブラリーから、そして、ライブラリー配信を行う映像配信サイトは、主としてコレクティングな映像アーカイブから、コンテンツの提供を受けるとみなすことができるだろう。映像配信サイトによっては、キャッチアップとライブラリー2種の様態によるサービスを共に実施する場合もある。このことは、映像アーカイブがインスティテューショナルとコレクティングの両方の態様で資料を収集しうることに相当する。

2-3 映像アーカイブの類別と典型

　今日、世界に、映像アーカイブがどれくらいの数、存在するのかを正確に測定することは難しい。国際フィルムアーカイブ連盟 FIAF に加盟する機関は、2020 年 5 月時点で、世界 75 か国に、会員（member）が 90、準会員（associate）が 81、計 171 である [75]。また、国際テレビアーカイブ連盟 FIAT/IFTA に加盟する機関は、250 以上である [76]。合計すれば、400 以上となる。しかし、これらの機関には加盟の基準があり、申請すれば必ず加盟できるというわけではない。したがって、加盟していない機関も世界に相当存在すると考えられる。「多くのアーカイブはいかなる職業的団体にも属していない」[77] からである。

　一方、2014 年版の Film Researcher's Handbook[78]（『フィルム・リサーチャーズ・ハンドブック』）には、ヨーロッパを除く諸地域すなわちアフリカ、アジア、オーストラリア、南北アメリカの国別に、映像アーカイブのリストが付されている。そこに掲載されているアーカイブの数は合計 266 である。ヨーロッパを含めれば、その数がもっと多くなることはいうまでもない。しかも、このハンドブックは専門の映像リサーチャーが映像資料を利用しようとする時に参照する書物であり、恒常的に映像資料を商用提供していないアーカイブは掲載されていないと考えられる。個人アーカイブや商用提供をしない地域アーカイブなどを加えれば、おそらくこれらの数字よりも一桁多い数の映像アーカイブが世界に存在すると推定される。

　これら映像アーカイブを類別する方法はさまざまに考えられる。

　無声映画の研究家として高名な Paolo Cherchi Usai（パオロ・ケルキ・ウザイ）は、「博物館とアーカイブのリストをつくるよりも、それらの目的と構成を区別することのほうが役に立つ」と述べて、フィルム（映画）アーカイブに限ってではあるが、映像アーカイブを次のように分類した [79]。

・Museums of Technology 技術博物館
・National Collections 国家によるコレクション

　・Film Museums 映画博物館

　・University Film Archives 大学の映画アーカイブ

　・Regional and Municipal Film Archives 地域および公立の映画アーカイブ

　・Special Collections 特殊なコレクション

　・Corporate Archives 企業アーカイブ

　ただし、これらの分類項は相互に排他的なものでない。あるコレクションが一つ以上の分類項に属することもありうるとウザイはしている。

　一方、エドモンドソンは、映像アーカイブ（視聴覚アーカイブ）の多様性を強調し、いかなる組織も独特な存在であるとした上で、なお、それらを類別するために次の六つの基準を設定した[80]。

　①　営利か非営利か

　②　独立性（自治）の程度

　③　地位

　④　利用者（内部だけか外部に開かれているか）

　⑤　メディアの範囲と能力

　⑥　性格と特性

　このうち、③地位とは、全国規模か地域規模か、政府による運営など公的なものかどうか、設立された年やコレクションの知名度や運営者の人柄はどうか、などの基準を示す。④利用者とは、企業アーカイブのように内部の者が主たる利用者であるか、それとも外部の利用者にも開かれているか、などの基準を示す。⑤メディアの範囲と能力とは、フィルムなどのメディアについて、どの範囲まで扱っているか、それらを視聴するための設備や補修の技術はどの程度か、といった基準を示す。

　⑥性格と特性については、さらに次のカテゴリーに細分されている[81]。

　・Broadcasting archives（放送アーカイブ）

　・Programming archives（プログラム上映アーカイブ）

　・Audiovisual museums（視聴覚博物館）

　・National audiovisual archives（国立視聴覚アーカイブ）

　・University and academic archives（大学および教育機関のアーカイブ）

- Thematic and specialized archives（テーマ別の専門アーカイブ）
- Studio archives（映画会社のアーカイブ）
- Regional, city and local archives（地方、都市、地元のアーカイブ）
- Community Archives（特定集団のアーカイブ）
- On line digital archives（インターネット上のデジタルアーカイブ）
- Memory institutions generally（一般の記憶資源機関）

　エドモンドソンは、「どのような類別もある程度恣意的で人工的なものであるが、それでもカテゴリー化はこの領域になんらかの形を与えようとするための有用な方法である」[82] と述べている。

　児玉は、映像アーカイブ（児玉による名称では動態画像アーカイブまたは動的映像アーカイブ）について、2通りの分類を行っている。一つは、営利（商業目的）か非営利かによる分類で、商業目的のアーカイブを「主として映画撮影所や放送局内にあるアーカイブ（中略）で、社外に対しては非公開、あるいは作品や資料映像の販売や利用許諾のみを行う」もの、非営利のアーカイブを「国立であれ、大学内のものであれ、企業内のものであれ、公益目的で公開されている」ものとしている [83]。もう一つは組織内アーカイブか収集アーカイブかによる分類で、前者を「映画製作会社や放送局等の組織内」にあるアーカイブ、後者を「主に公共の非営利アーカイブで、国立、公立、大学付属などの施設」であり「制作された動的映像資料を集める収集アーカイブ」としている [84]。

　以上の先行研究を踏まえつつ、本書では、類別に用いる指標の設定を次のように試みる。

① 組織アーカイブか収集アーカイブか。これは、映像アーカイブが資料を収集する方式において、文書館の定義に則り、組織的（インスティテューショナル）であるか収集的（コレクティング）であるかによって類別する方法である。

② 公立アーカイブか私立アーカイブか。映像アーカイブの設立者が公私どちらかであるかによって類別する方法である。

③ 公共的か営利的（商用）か。映像アーカイブの設立目的によって類別する方法である。前者であれば、公共の利便に供するためとして、その

利用は手数料などの実費負担以外は資料そのものは原則として無料で（税金もしくは公共的負担金によって充当されて）提供されると考えられる。後者であれば、営利目的であって、その利用は有料すなわち映像資料は一種の商品として対価を支払うことにより提供されることになる（別途、経費も実費として負担することもある）。

④　汎用か専門か。映像アーカイブが収蔵する資料の性質によって類別する方法である。前者は収集あるいは収蔵する映像の内容を特定することのないアーカイブ、後者はなんらかの専門領域を標榜して映像を収集あるいは収蔵するアーカイブである。

⑤　リアル（現実）かヴァーチャル（仮想）か。映像アーカイブが有する施設の存在と利用者のアクセスする場所（空間）によって類別する方法である。実際に「館」すなわちなんらかの物理的な建物を有しており、そこを利用者が現実に訪ねることができる場合はリアルとして、施設があってもそこは運営する機関が入居したり、映像資料を保管したりするためだけに存在し、利用者はウェブ上のサイトを訪れることでしか利用できない場合はヴァーチャルとする。

　これらの各類別項は重畳して適用することが可能である。たとえば、民間放送局（アメリカでは商業放送局）が運営する映像アーカイブは、①組織であり、②私立であり、③営利的であり、④専門であり、⑤リアルであるといえるだろう。また、一つのアーカイブが上記類別において、必ずしも判別できない場合や各類別の対立項を兼ね備える場合もありうる。たとえば、民間放送局が運営する映像アーカイブでも、組織内での利用はリアルな施設内で行われ、一般消費者への提供はヴァーチャルなウェブサイト上で行われることがありうる。

　なお、これら以外に、いわゆるアグリゲータとして、他のアーカイブから映像資料を収集し、内容の記述や権利に関する情報を整理し、わかりやすくした上で、他のユーザーに提供する、Stock Footage House（ストック・フッテージ・ハウス）あるいは Stock Shot Library（ストック・ショット・ライブラリー）などと呼ばれる映像アーカイブも存在する。

以下、実例に即して検討する。

まず、アメリカの代表的な映像アーカイブである国立公文書館映画・音声・ビデオ調査室は、組織、公立、公共、汎用、リアル（ただし、ウェブサイトでの利用にも一部対応）であると類別できるだろう。

アメリカ国立公文書館はアメリカ議会図書館と共に、映像リサーチャーから、映像資料の調査にあたって真っ先にあたるべき二つのメイン・アーカイブとみなされている[85]。1934 年に設置された公文書館であることから、必然的にその資料収集と保管の体制はインスティテューショナルなものが主となる。すなわち、その所蔵する映像資料は、アメリカ政府が制作した映像コンテンツが主であり、レコード・グループと呼ばれるフォンドによって、資料の出所ごとに整理されている。

『アーカイブ事典』は、文書館の記録史料が記録群（フォンドあるいはレコード・グループ）としてまとめられ体系的な構造を有することが図書館資料との根本的な違いであるとしている[86]。この点で、アメリカ国立公文書館の映像資料は文書館史料の性格を強く帯びているといえるだろう。『アーカイブ事典』はまた、文書館における史料保存の原則として、①出所原則すなわち史料を機関・団体ごとの文書群としてとらえる、②原秩序尊重の原則すなわち機関・団体の活動の体系を反映している原秩序を尊重し、保存形態の現状をむやみに変更しない、③原形保存の原則すなわち原形、文書の折り方、閉じ方、包み方など、物理的原形をむやみに変更しない、の三つを挙げている[87]。このうち①出所原則はアメリカ国立公文書館を始めとするインスティテューショナルな映像アーカイブの場合、レコード・グループなどによる分類によって実現されている。②原秩序尊重の原則は、映像が記録されたフィルムやビデオテープの巻を一か所にまとめることによって、③原形保存の原則は、フィルムあるいはビデオテープの原本を保管することによって実現されている。

ただし、一般には「フィルムアーカイブではシナリオやポスターが関連資料という意識は強いが、作品を収集する際、契約書や会計帳簿までも一緒に集めるという発想は一般的ではなかった」[88]とされ、映像コンテンツ以外の関連資料（映画の場合はノン・フィルムといわれる資料群）が一定の秩序にもとづい

て体系的に収蔵されることは稀であると考えられる。

　アメリカ国立公文書館の重要なレコード・グループには、アメリカ公共事業促進局 WPA: Works Progress Administration が制作したドキュメンタリー映画（RG69）があり、1930 年代以降のニューディール政策下におけるアメリカの様相を伝える映像として、第一級の史料となっている[89]。

　アメリカ国立公文書館が収蔵する映像資料は、インスティテューショナルなものばかりでなく、コレクティングなものもあり、たとえば、自動車会社のフォードが制作した短編映画の Ford Film Collection がある[90]。

　しかし、国立公文書館の映像において、その中核となり最大の量を有しているのは、アメリカ軍の記録に関するものである[91]。

　それらの映像のレコード・グループは撮影を担当した軍隊の組織ごとに分類されている。たとえば、海兵隊（Marine Corps）は RG 127 である[92]。出所原則、原秩序重視の原則、原形保存の原則に準拠している点でも、国立公文書館の性格を象徴的に表す資料群であるといえる。

　なお、これらのレコード・グループは、映像だけでなく、文書史料も含んでいる。

　アメリカ国立公文書館は、中核となる映像資料が映画（フィルム）であった時代から存続する機関である。では、20 世紀後半から映画に代わって映像メディアの主役となったテレビについてはどうか。

　国立公文書館や議会図書館など、大規模な公的アーカイブがテレビ番組を所蔵していないわけではない。しかし、字義通りインスティテューショナルに映像資料を保管しているのは、テレビ番組を放送する主体であるテレビ局であるといえる。ただし、その多くは一般には公開されていない。その点では、いわゆる企業アーカイブに近い性格を有する。とはいえ、一般の企業アーカイブのように資料の活用が社史編纂のような用途で行われるのとは異なり、保存される映像資料は再活用すなわち再放送や再編集あるいは他番組への転用（一部の挿入）などの用途で盛んに行われるという特性がある。ここでは、企業の製品である映像そのものが保存される点で、製品ではなく文書が保存される文書館型の企業アーカイブとは異なっている。そして、保存された製品が再活用され

てまた別の製品がつくられるサイクルが存在するという点で博物館とも異なっている。一種の貯蔵庫に近い性格を有する。こうした点でテレビアーカイブは、映像アーカイブの特殊性を際立たせるともいえる。

　日本におけるテレビ番組のアーカイブとしては、埼玉県川口市にある NHK アーカイブスの施設が知られている。NHK アーカイブスに収蔵されているのは、放送された番組だけではない。未編集素材と名付けられた映像資料もある。この映像資料は、いずれ他の番組を制作する時には、転用される可能性があるコンテンツである。さらに、その他に外部制作と名付けられた映像資料がある。これは、一般から提供されたり、他の映画会社から入手したりした、自局制作ではないコンテンツでありコレクティングな性格を有している。NHK アーカイブスには、3種類の映像資料が存在することになる。

　矢野は、企業が有するインスティテューショナルなアーカイブにおける資料群を、その発信・受信関係という観点から、会社の①内部 → 内部、②内部 → 外部、③外部 → 外部の3種に区分した。①は「文書館メディアの典型となる一群」、②は「外部に向けて発行していた報告書や定期刊行物」、③は「形態的には一般に流通する刊行物」である[93]。以上は、文書館としての性格を有するアーカイブに適用された区分であるから、映像アーカイブには必ずしもそのまま適用できるものではない。しかし、仮に同様の区分を NHK アーカイブズにおける3種のコンテンツに援用すれば、①未編集素材が内部 → 内部、②放送番組が内部 → 外部、③外部制作が外部 → 外部となろう。NHK アーカイブスは、この点で、企業アーカイブとしての態様を色濃く反映したアーカイブであるともいえる。

　一方、企業アーカイブではなく、公的あるいは私的な機関としてテレビ番組を主として収集し収蔵する大規模な映像アーカイブも存在する。

　その典型は、フランスの国立視聴覚研究所 INA: Institut National de l'AudioVisuel であるといえる。

　INA はフランス国内各局の放送番組を法定納付（法定納入）として受け入れている。放送局のチャンネルごとであり、かつ放送の順番もトレースできることから、映像に関してはインスティテューショナルな性格を有するといえる

だろう。

　INA の誕生は「偶然と意志の産物」fruit du hazard et de la volonté[94] と
される。INA はフランス公共放送の改革に伴って「偶然に」設立されたが、
そこには関係者の「意志」も作用していた。文書館をアーカイブと呼び習わす
ことは古代ギリシアに由来するといわれるが、近代的な文書館の設立はフラン
ス革命期の公文書法によるとされる。この時、フランスでは、公文書を国民の
財産としてアクセス権（利用権）を確立するとともに、制度的な保存の体制も
整えられた[95]。こうしたフランスの公文書に対する意識が INA 設立の根底に
あるとみなすことも可能であろう。

　INA にはまた、専属のアーキビストが配属されている。文書館でのアーキ
ビストの組織的養成が始まったのは、1821 年、「フランスに設置された国立古
文書学校で行われた教育が嚆矢とされる」という[96]。こうした伝統も INA に
つながると考えられる。

　INA のアーキビストは単に資料の収集と保存にあたるだけでなく、資料の
考証や組織化、そして、放送局などからの再利用の問い合わせに対応するリ
サーチャーも兼ねている。文字通りの「情報専門職」[97] であるといえる。

　一方、法定納付には基づかない方法で、テレビ番組を収集しているアーカ
イブもある。その代表的な例は、アメリカ・テネシー州にある Vanderbilt
Television News Archive（ヴァンダービルト大学テレビニュースアーカイ
ブ）である。

　ヴァンダービルトは、1968 年 8 月からアメリカの 3 大ネットワークの夜間
ニュース番組を録画しカタログ化することを行っている[98]。1995 年からは
CNN のいくつかの番組も加え、2004 年からは FOX の番組も加えた[99]。

　ヴァンダービルトは番組をカタログ化しているが、その分類は放送局（ネッ
トワーク）とは異なっているといわれる[100]。こうした点からヴァンダービル
トはインスティテューショナルではなくコレクティングな放送番組アーカイブ
であるといえるだろう。

　本章では、映像アーカイブの概念と類型について考察した。その結果、映像
アーカイブが、文書館と共通の性質を持ちながらも、一方で大きく異なった性

質を有していることが明らかになった。

　「はじめに」で述べたように、映像アーカイブには、それが「使われるアーカイブ」であるという、もう一つ大きな特徴がある。この点でも、映像アーカイブの利用のされ方は文書館のそれとは異なる部分がある。それは映像資料が文書や書物といった文字による記録とは異なる性質を有することに起因する。次章では、こうした映像資料の特性について検討する。

〈コラム〉　世界の映像アーカイブ（2）

国立映画アーカイブ京橋本館（日本・東京）

　2018 年に設立された「国立映画アーカイブ」の本館は東京の京橋にある。ここにあるのは、上映ホールと展示室や図書室であり、映画フィルムや資料は、神奈川県相模原市の分館に収蔵されている。「国立映画アーカイブ」の前身は、1970 年に開館した「東京国立近代美術館フィルムセンター」である。当時の建物は旧日活本社ビルを利用したものだったという。その頃はインターネット配信などは想像もできず、家庭用のビデオさえも 1970 年代半ばまでは、普及していなかった。昔の映画を観るためには、名画座と呼ばれた小規模な映画館での再上映を探して歩くか、アテネ・フランセ（語学学校）の地下や公会堂などの公共的施設で時折開かれる上映会の知らせを待つしかなかった。これら名画座や公共施設には、いくつかの決まった作品が巡回していたようで、名画座通いをしていると、また、同じプログラムに出会うことがあった。そういう状況にあって、「京橋のフィルムセンター」は別格の存在であり、ほかでは上映されない貴重な映画がプログラムに載っていた。そうした「幻の名作」を観に行く時は、何かかしこまった気分になったものである。それから半世紀を経て、建物の外観は変わり、その陣容も巨大なものとなったが、この地が、日本の映画文化を育む重要な場所であることは変わっていない。

第**3**章
映像アーカイブにおける資料の特性

3-1　映像アーカイブにおける資料の存在形態

　前章では、その生成と発展の経緯から、映像アーカイブが文書館のみならず図書館や博物館においても存在すること、また、映像メディアの転換に際して、映画（フィルム）とテレビとでは異なる系列を生じさせていることといった点で、文書館、図書館、博物館にはみられない多様性を示すことを述べた。

　本章では、映像アーカイブが収蔵する資料の特性について考察するが、それは、フィルム、ビデオテープなどといった物理的事物についてではない。それら媒体については、すでに多くの解説書が著されており、また本書が目的とする映像アーカイブの特性を全体として考察することからは、いささか逸脱する。

　本章で分析し、考察するのは、映像アーカイブと他の情報資源を扱う機関とにおける、資料の存在形態と閲覧形態の相違についてである。

　エドモンドソンは、収蔵する資料の性質、収集の方法、アクセス（利用）の手段などの諸点について、伝統的な文書館（Archives）、図書館（Libraries）、博物館（Museums）と映像アーカイブ（エドモンドソンにおいては視聴覚アーカイブ = Audiovisual archives）とを比較し、総体としての映像アーカイブは、前3者が有する概念をすべて包含するとした[101]。

　本書では、それらとは異なる観点から、すなわち資料の存在形態と閲覧形態について、文書館、図書館、博物館と映像アーカイブとの比較を試みる。資料

の存在形態については本節で検討し、閲覧形態については次節で検討する。

　まず、資料の存在形態について、図書館、博物館、文書館といった伝統的な機関・施設でのそれはどのように考えられているだろうか。

　田窪は、「図書館メディアは主に出版物であるが、出版という行為自体、メッセージの可動性（正確には複写［コピー］的可動性）に依っている」[102] とする一方、「博物館メディアの特徴は、メッセージの可動性がほとんどない点に在る」[103] として両者を対比する。そして、「博物館メディアには、通常、同一メディアは存在しない。これに対して、図書館メディアの場合、同一メディアが複数存在するというのが前提である」[104] としている。

　古賀は、「図書館の資料は出版活動を通じて複製がなされていることを前提としている。つまり、同一内容のメッセージが複数（多くの場合は多数）の複製（コピー）を通じて伝達される。一方、博物館の資料は唯一の『モノ』としての存在、つまり『原本性』が重視される。この点は文書館でも同様といえる」[105] としている。

　上記は、博物館と図書館との対比であるが、では、文書館はどうか。安江は、「図書館資料の本領は特に近現代資料については複数部数存在する印刷物である」とし、「一方、アーカイブズ資料の本領は、古文書等の歴史資料の場合も近現代の記録・文書の場合も世界に１点のかけがえのなさを有する資料である」[106] とする。

　『アーカイブ事典』もまた、文書館アーカイブにおける記録史料の特性は、「一点しか存在しない」ことであり、「一点の有する原形の全情報が重要」とする。そして、この１点の素材は「多種多様な素材の混在」であって、「形態・形状が多様で不均質」であり、史料は「一点でなく、群が基本」とする [107]。いずれにしても、文書館における情報資源の特質は「１点しか存在しないこと」（以下、本書では１点性と称する場合がある）にあるといえよう。これに対し、図書館に収蔵される書物は、基本的に印刷されて複製されたものであり、複数の図書館において複数存在しうるものと考えられる。

　これらのことについて、所蔵する記録資料の１点性と複製の存在という観点から、図書館、博物館、文書館を比較すれば、次表のようになる。

表 1　記録資料の存在形態による図書館・博物館・文書館の比較

	記録資料	記録資料の存在形態
図書館	主として書物	複製が存在する
博物館	主として博物	1 点しか存在しない
文書館	主として文書（群）	1 点しか存在しない

　なお、田窪は、「文書館のメディアの特徴は、図書館メディア的性格と博物館メディア的性格を合わせ持つ点に在る。すなわち、そこに記されているメッセージが重要という意味では、図書館メディアと同じであるが、用紙、書体、装丁等のキャリヤー的な側面も重要になるという意味では、博物館メディアと同じ」[108] ともしている。

　書物と文書は共に文字情報が記載された書類であるとすれば、文書館は、その点では、図書館と似た性格を有する。一方、記録資料の存在形態からは、図書館には複製が存在するのに対して、博物館と文書館は共に、1 点（1 群）しか存在しない。この点では、文書館は、博物館と似た性格を有するといえる。

　以上は、図書館、博物館、文書館の比較である。では、映像アーカイブはどうか。

　映像アーカイブが扱う情報資源である映像コンテンツは、複製が可能である。映画の場合はプリントされることによって、ビデオテープの場合はダビングされることによって、動画ファイルの場合はコピーされることによって、複製が存在する。この点で映像アーカイブにおける記録資料の存在形態は、図書館のそれに似た性格を示す。

　しかし、一方で、映像アーカイブにおける映像資料の存在形態は、図書館における書物とは異なった様相も示す。

　FIAF の「動的映像目録マニュアル」[109] は、次のように記している。

　　書誌情報共有モデルは、図書館にはうまく作動する。多くの図書館が同じ出版物の正確なコピーを所蔵していると想定されるからである。ところが、このモデルは、動的映像のアーカイブが必要とするすべての機能は提供できない。なぜな

ら映像アーカイブのコレクションにはしばしば、そこにしかない、あるいは、ごく少数のアーカイブにしかないもの（unique or rare holdings）が含まれているからだ。たとえば、プリント前の断片や、マスタープリントや、未公開素材である[110]。

　映像アーカイブにおける映像資料には、1点限りのものが存在しうるというのである。その例としては、上記引用中で挙げられたプリント前の断片、マスタープリント、未公開素材の他にも、アウトテイクス（日本ではアウトテイクと呼ばれることもあるが本書ではアウトテイクスと表記する）が挙げられる。アウトテイクスとは、厳密には未編集素材とは異なり、一旦は編集されてコンテンツの一部として組み込まれたものの、尺（映像コンテンツの時間的長さ）や構成上の理由などからなんらかの段階で割愛され、完成版では使われなかった映像を指す。プリントされたり、ダビングされたりして複製が生産されるのは、通常は完成版のみである。したがって、アウトテイクスは、通常は、1点しか存在しない資料ということになる。なお、完成版とは異なる映像資料には、このほかに撮影はされたもののラッシュ試写ののち編集用素材には採用されなかった未編集素材なども存在する。

　アウトテイクスは、完成版から除外されたショットであっても、露出の失敗などによってラッシュ試写の段階で編集用素材にセレクトされなかった、いわゆる NG ショットとは異なる。アウトテイクスが完成版から除外されるのは、そのコンテンツが編集される時の意図や方針にそぐわなかったり、尺（映画や番組の時間）に収まらなかったりすることによる。編集の意図や方針が異なったり、尺が変わったりする場合には、一転して重要性を増すこともありうる素材である。したがって、完成版に採用されたショットに比して必ずしも価値が劣るとはかぎらない。

　ユネスコの「動的映像の保護及び保存に関する勧告」では、映画フィルムにおけるネガ、インター・ネガまたはインター・ポジとビデオグラムにおけるマスターを「プリント前資料」と呼んで、複製物の調達のために作成されるものとし、実際に見るための、または映像の伝達を目的とする「映写用複製物」と

区別している[111]。この定義も、マスターすなわちオリジナルと複製が映像アーカイブに同時に存在することを示唆するといえよう。

これらのことについて、所蔵する記録資料の1点性と複製の存在という観点から、図書館、博物館、文書館に映像アーカイブを加えて比較すれば、次表のようになる。なお1点性といった場合、元々複製が作成されずそのもの自体がオリジナルで1点しか存在しないという点と、オリジナルが消失し複製が1点しか残っていないという点がありうるが、ここでは前者の点とする。

表2　記録資料の存在形態による映像アーカイブと他の諸機関との比較

	記録資料	記録資料の存在形態
図書館	主として書物	複製が存在する
博物館	主として博物	1点しか存在しない
文書館	主として文書（群）	1点しか存在しない
映像アーカイブ	主として映像コンテンツ	複製が存在するが、1点しか存在しないものもある

表に示された結果から、映像アーカイブにおける記録資料の存在形態は、図書館のそれと、博物館および文書館のそれとを兼ね備えた複合的な性格を有するといえる。映像アーカイブが、文書館だけでなく図書館や博物館としての性格も帯びることは、前章でも述べたが、それは、映像アーカイブの生成過程や映像メディアの転換に起因すると考えられるものだった。しかし、ここで明らかになった映像アーカイブの複合的性格、すなわち文書館、図書館、博物館の性格を兼ね備えるという性格は、生成過程やメディアの転換に起因するものではなく、映像コンテンツの制作過程における複製の生産と、その生産の俎上に載らない素材の発生に起因する。したがって、それは映像コンテンツのみが有する特性に起因するものといえる。

ここまでの考察の結果から、映像アーカイブにおける資料は、存在形態において、複合的といえる独特の性格を有することが明らかになった。では、資料の閲覧においてはどうか。

3-2　映像アーカイブにおける資料の閲覧形態

映像アーカイブにおける資料の利用については、次の3形態に細分できる。

① 研究、取材、調査（下記2および3の利用のための調査を含む）のための利用

② 映画館、テレビ番組、インターネット動画として上映、放送、配信されるというコンテンツとしての利用

③ 他の映像コンテンツに挿入されて新たな映像コンテンツを産み出す「素材」としての利用

このうち①の形態での利用は、図書館、博物館、文書館における資料の「閲覧」に相当すると考えられる。なお、②の形態での利用には、アーカイブ内での一般への上映も含まれる。

次の表に、文書館、図書館、映像アーカイブにおける資料の閲覧形態を比較した結果を示す。

表3　記録資料の閲覧形態による図書館・博物館・文書館の比較

図書館	複製を閲覧する
博物館	オリジナルを閲覧する
文書館	オリジナルを閲覧する

博物館および文書館には、1点しか存在しないオリジナルの資料が所蔵され、利用者はそのオリジナルを閲覧する。図書館には、特別な場合を除き、書物のオリジナルである完成稿やゲラは所蔵されておらず、利用者はその複製である刊本を閲覧する。このことは、3者における記録資料の存在形態の相違がもたらす必然的な結果であるといえる。

では、映像アーカイブはどうか。

映像アーカイブには、アウトテイクスのように1点しか存在しない、オリジナルの資料が存在する場合もしない場合がある。利用者はオリジナルである

1点ものの資料を閲覧する場合もあれば、完成版のプリントという複製を閲覧する場合もある。この点では、映像アーカイブにおける記録資料の閲覧形態は、存在形態における場合と同じく、図書館のそれと、博物館および文書館のそれとを兼ね備えた複合的な性格を有するといえる。

　しかし、映像アーカイブにおいては、さらに、映像アーカイブ独特の閲覧形態が存在する。それは、複製の複製を閲覧するという態様である。

　映画やビデオなどの映像資料は、英語圏では一般にフッテージ Footage と呼ばれる[112]。それが再利用を前提として保管されている場合は、ストック・ショット Stock shot と呼ばれる[113]。そして、ある程度以上の規模の映像アーカイブでは、それら（マスターと呼ばれる素材）とは別に、閲覧用のコピーである Viewing copy（ビューイング・コピー、Reference copy という場合もある）が存在する[114] ことが多い。フィルムやビデオテープは閲覧に伴って劣化や破損の危険があるためである。

　フィルムやビデオテープの閲覧は、試写とも呼ばれる。閲覧あるいは試写の際、通常は、ビューワー、編集機、映写機、ビデオデッキ（再生機あるいは録再機）など再生装置が必要になる。フィルムおよびビデオテープは、装填機構および複雑な経路で、ローラー、スプロケットなどの部材に接触し、物理的損傷の危険にさらされる。また、操作者のミスあるいは不慣れによる事故も想定される。これらの危険を避けるために、ビューイング・ゴピー viewing copy と呼ばれる閲覧だけのための、複製の複製あるいはオリジナルの複製が作成されるのである。ビューイング・コピーは、なんらかの形式のコンピュータ・ファイルとして作成される場合もある。

　複製の産物である上映用プリントあるいは放送用テープが、さらに複製されて閲覧用のビューイング・コピーとなる。このことは、伝統的な施設としての図書館において、やはり複製である出版物としての書物を閲覧するにあたって、現物ではなく、常に、その複写（コピー）を作成して閲覧するということが、稀覯本などの場合を除いて通常は発生しないことと比すれば、映像アーカイブにおける閲覧形態が独特であることは明らかであろう。

　一方、文書館あるいは博物館においても、資料の閲覧にあたって、資料を破

損する危険があることはいうまでもない。しかし、その場合でも複製が作成されて閲覧に供されることは少ないと考えられる。狭義の文書館（インスティテューショナルなアーカイブ）においては、原形保存の原則が存在することも、このことに作用するといえる。博物館において、一部の展示物で敢えて複製を展示することは行われうる。その場合、博物資料としては、あくまで便宜的な複製であってオリジナルとは異なるものとして扱われる、あるいは評価されると考えられる。イコム（国際博物館会議）の『職業倫理規程』では、「博物館は、（中略）複製品は永久的に模造品であることを明示するべきである」[115) と記されている。

ところが、映像コンテンツでは、アウトテイクスのような１点しか存在しない資料であっても、複製によって生成された資料が、内容を確認するために用いられる。その際に、内容がオリジナルとは異なるものとして扱われる、あるいは評価されることは、少なくともその媒体の上に記録された情報に関しては、原則としてない。もちろん、デュープ、ダビング、ファイル化などによる情報の変容あるいは情報量の減少が発生する。たとえば、常石は、映画フィルムを復元した場合、その「復元の成果物は、それぞれ、その時々にあり得た一バージョンでしかない」[116) と述べている。しかし、この場合のビューイング・コピーとしての複製はあくまでオリジナルの内容を確認するための媒体として、その確認ができる程度のものであればよいという前提で扱われることに留意する必要がある。

これらのことについて、所蔵する記録資料の閲覧形態という観点から、図書館、博物館、文書館に映像アーカイブを加えて比較すれば、次表のようになる。

表4　記録資料の閲覧形態による映像アーカイブと他の諸機関との比較

図書館	複製を閲覧する
博物館	オリジナルを閲覧する
文書館	オリジナルを閲覧する
映像アーカイブ	複製あるいはオリジナルを閲覧する または 複製の複製あるいはオリジナルの複製を閲覧する

表に示された結果から、映像アーカイブにおける記録資料の閲覧形態は、図書館のそれと、博物館および文書館のそれとを兼ね備えた複合的な性格を有するだけでなく、映像アーカイブのみが有する独特の性格、すなわち複製の複製あるいはオリジナルの複製を閲覧するという特性をも有するといえる。

ここまで、映像アーカイブにおける資料の存在形態と閲覧形態について、図書館、博物館、文書館といった他の機関との比較によって考察した。その結果、映像アーカイブは、資料の存在形態についても、また、閲覧形態についても、図書館、博物館、文書館のそれらを複合した形態を有することが明らかになった。このことは、映像アーカイブがその生成の過程で、図書館にも博物館にも文書館にも存在しうるという点で、伝統的機関への遍在性を表していたことに加え、その収蔵する資料については、伝統的機関3者の特性を集積した複合性も表すといえる。

3-3　映像資料の二次的機能と「発掘」映像の価値

テオ・トマセンは、アーカイブ（文書館）の文書について、「文化的・歴史的機能は時として、過去を想起させるものとして意識的に作られたわけではない記録にもあるとされる。時間を経ることによって証拠としての役割を失った記録のごく一部が、文化遺産の一部としてまた歴史研究の素材になりうるものとして認められる」[117] と記している

また、マリア・バルバラ・ベルティーニは、「アーカイブズは閲覧室で参照されるためではなく、存在を確認する団体や個人の実務活動に結びついた法的・行政的目的のために誕生するのである。しかしながら、（中略）時代を経るごとに文書の法的重要性が減衰し、その形成期から離れれば離れる程に軽減され、その反対に歴史的目的の重要性を獲得する」と述べている[118]。

文書館に保管される文書が、当初はある組織の記録として、その組織の業務のために使用される目的を有する「資料」（あるいは「証拠」）であったのに、時間がたつにつれ当初の目的が希薄となり、代わって過去の社会の記録として歴史的価値を有する「史料」となる。このような文書の記録としての変成を、

トマセンは記録の一次的機能と二次的機能として区別する。

> 　記録の一次的機能と二次的機能との間にひとつの区別がなされる。記録の一次
> 的機能は、（中略）始めから意図した機能であり、特に証拠としての機能である。
> 一次的機能においては、記録はアクティブな役割を演じる。それらが社会的な関
> 係を記しそして規定するからである。記録の二次的機能は、一般的には（中略）
> 始めから意図していない機能であり、記録の一次的機能が果たされた後に獲得さ
> れる機能である。例えば、文化的・歴史的機能であり、歴史研究の素材としての
> 機能である [119]。

　こうした機能の二重性は、映像資料にもあてはまる。バーナードとラビン
は、「映像資料が持つ興味深い側面の一つは、元々意図されていなかった情報
を含んでいる」[120] ことだと記している。

　ただし、文書における機能の二重性と映像におけるそれとは厳密に同一の態
様を示すものではない。文書における一次的機能が端的には組織の記録として
機能することであることとは異なり、映像資料における一次的機能はより幅広
い目的を有すると考えられる。

　たとえば、劇映画とした制作された映像コンテンツの一次的機能は組織の記
録ではなくエンタテインメントとして上映し興行収入を得ることにある。そし
て、その内容はフィクションである。ところが、実写すなわち静止画としての
写真の連続であるという（動的）映像の特性によって、物語の内容とは別に、
そこに映し出された事物や行動そのものは現実にその時そこで生じた出来事で
あり客観的事実であることから、時がたつにつれ歴史資料としての二次的機能
を発現するようになる。

　『映像メディア論』では、フランスの映画監督 Jean-Luc Godard（ジャン＝
リュック・ゴダール）の『勝手にしやがれ』[121] が、フィクションでありながら、
ドキュメンタリーに類似した方法でロケを行い、その時のパリの映像が歴史的
価値を有することを紹介した。このことは、映像コンテンツが二次的機能を有
することのひとつの証左といえる。本書では、それ以外に、純粋にフィクショ
ンの技法で撮影された作品が二次的機能を発現する例を挙げる。

　映画が誕生して間もない頃に制作された Edwin S. Porter（エドウィン・S・ポーター）の『大列車強盗』[122] という映画は、列車強盗の追跡劇である。場面（シーン）をつなぎあわせて緊迫感を出すモンタージュ（編集）を行い、映画の技法を発展させた作品として評価されている。この点で、映像コンテンツとしての一次的機能を発揮したといえる。一方、今日では、この映画は 20 世紀初頭においてまだ開拓時代の面影を残していたニュー・ジャージー州の情景を記録した歴史的価値を有するとも評価されている [123]。年月を経て史料としての二次的機能を発揮するようになったのである。

　映像によっては、当初、ひそかに個人的に撮影された映像が、二次的機能が発現した結果、重要な記録となる場合もある。

　その典型的な例には、第二次世界大戦後、ナチスの将校の家で発見されたホーム・ムービーの映像が挙げられる。その映像は、8 ミリフィルム（小型映画の規格）によって撮影されたもので、16 ミリや 35 ミリといった規格ではないことから、個人的な記録のために撮影されたものであると推測される。ところが、そこには、公式には撮影されないような、衝撃的なユダヤ人迫害の瞬間が記録されていたのである [124]。

　そうした決定的な瞬間の記録とは別に、何気ない日常の平和な光景を写したホーム・ムービーが思いがけない歴史的価値を有するようになる例もある。ホロコーストの犠牲者 Anne Frank（アンネ・フランク）の映像である。アンネはユダヤ人迫害を逃れてオランダで潜伏生活を送り、後に強制収容所に送られて命を落とした。生前の日記が出版されてその存在は有名になり、いくつもの劇映画が制作された。これらは俳優が演じたフィクションであり、実在のアンネその人を撮影した映像は存在しないと考えられていた。しかし、思いがけないところから映像が発掘されたのである。それは、アンネが住む建物の近くで行われた結婚式のようすを撮影したホーム・ムービーだった。撮影されたのは、1941 年 7 月 22 日、アンネの一家が屋根裏の隠し部屋に潜む 1 年足らず前のことである。その 2 年後、1944 年 8 月に一家はゲシュタポ（ドイツの秘密警察）に発見され、アンネは収容所に送られたのち、1945 年 3 月に亡くなる。

　ホーム・ムービーの映像は、まず建物の入り口にある階段のショットから始

まる。次いで、建物の上のほうの階の窓から身を乗り出して下を見る人びとのショット、次いで、新郎と新婦が階段を降りてくるショットと続く。アンネの姿が現れるのは、その次のショットである。上のほうの階で窓から身を乗り出して新郎新婦を見ようとしている人びとのショットの中にアンネがいたのだ。カメラが自分に向いているのに気づいて、アンネが後ろを振り向き、部屋の中にいる誰かに向かって何かを言う。そのすぐ後、また顔を前に戻したところで映像は次のショットに代わる。アンネが映っているのは、わずか9秒ほどにしかすぎない。しかし、その姿が動くようすには、明らかに、アンネ・フランクは実在し、いきいきとした生活を送っていたのだということが記録されている。そして、そうした人間の生が、その後、収容所で奪われることになるという事実の重さを訴えかけてくる。映像資料の二次的機能がもたらす力の大きさを物語る事例である。

　この映像はまた、フレームの中に事物が意識せずとも写り込んでしまうことがあるという実写による映像ならではの特性を示す例でもある。文字で書かれた情報、たとえばルポルタージュや調査記録などの場合、その著者がある事物を意志をもって選択して書くことにならざるを得ない。仮に、この結婚式が日記や新聞記事などに書かれたとしても、その場にアンネ・フランクがいることをあらかじめ意識していないかぎり、アンネ・フランクが窓から見ていたことを書くことはできない。そして、そこにアンネ・フランクと書かれていないかぎり、その場にアンネ・フランクがいたことは後からでは同定できない。ところが、映像による記録は、この結婚式の例のように、意図せずして情景を写し取る。そして、撮影された時間と場所が記録されていれば、後から、そこにアンネ・フランクが写っていないかを探ることができる。映像の特性は、映像資料の発掘においても、文字資料とは異なる相を表すといえる。

　このホーム・ムービーの映像は、2009年、オランダの博物館であるアンネ・フランク・ハウスがYouTubeに設けた特設ページ[125]で公開された。当初は、結婚式という晴れの日を記録するために撮影された映像が、その後、当初は想像だにされなかった歴史的価値を持つようになり、映画館やテレビ放送ではなく、インターネット配信によって人びとにもたらされたことになる。アンネ・

フランクの姿を記録したホーム・ムービーは、映像資料が有する二次的機能と映像メディアのインターネット配信への転換を象徴する映像であるともいえる。

　21世紀の今日では、日常の風景がスマートフォンなどの携帯機器で映像として記録されている。その数量は天文学的な数字に及ぶ。個人のスマートフォンや記録装置あるいはクラウド上のサーバーに蓄積されている、これらの映像が、将来、思いがけない歴史的価値を獲得する可能性は常にある。ちょうど、アンネ・フランクの生前の姿を偶然記録した映像が、結婚式のもようを写したホーム・ムービーであったようなことが、大規模に生じ、現在YouTubeなどの動画共有サイトにアップロードされている映像が、記録資料の二次的機能によって、歴史的価値を有するようになることは充分考えられる。

　映像アーカイブに収蔵された映像資料が、ニュースやドキュメンタリーといったノンフィクションのみならず、劇映画やテレビドラマのようなフィクションであっても、重要な人類の資産であることは、その芸術的あるいは文化的価値以外にも二次的機能としての史料性を有することにあるといえる。

〈コラム〉　世界の映像アーカイブ（3）

イタリア国立映画博物館（イタリア・トリノ）

　イタリアのトリノにある国立映画博物館（Museo Nazionale del Cinema）は、「モーレ・アントネリアーナ」と呼ばれる建物の中にある。マリア・アドリアーナ・プローロが設立した映画博物館がこの建物に移転してきたのは近年のことである。ドームと尖塔を持つこの建物はトリノのシンボルであるともいう。建物の内部は、中央をエレベーターが上下する巨大な吹き抜けになっておりその周囲の壁にはさまざまな映像が浮かび上がる幻想的な空間となっている。博物館という名のとおり、館内には映画の原理を示す道具やポスター、小道具などの資料が数多く展示されており、順路に従って映画の歴史をたどることもできるように工夫されている。ホールの大スクリーンには、往年の名画が上映され、リクライニング・チェアに寝ころびながら鑑賞することができる。2004 年には、この博物館を舞台にした映画『トリノ、24 時からの恋人たち』が制作された。この映画の主人公は、館内の小部屋に住みこんで収蔵物の管理をしている青年である。閉館後、夜になると、青年は館内のアーカイブ（保管庫）に収蔵された映像資料の中から、好きなコンテンツを選んで、たった一人、大画面で鑑賞する。もちろん、このストーリーはフィクションではあるが、現実にそのようなことがあれば、1 日いても飽きないどころか、住み着いてしまっても飽きないだろうと考えられる。映画愛好家にとっては、文字通り、夢の世界である。

第4章
映像資料の利用とコンテンツの再生産

4-1　映像資料を利用したコンテンツの制作

　映画監督のジャン＝リュック・ゴダールは、「一本の映画は、なによりもま
ず見られるのでなければ、したがって映写されるのでなければ、なにものでも
ありません」[126] と述べている。これはシネマテーク・フランセーズの創始者
アンリ・ラングロワがコレクションを積極的に上映したことを讃えて述べたも
のである。映像アーカイブが「使われるアーカイブ」であることを象徴的に示
す事例といえる。

　では、その映像アーカイブが利用されることの目的はいかなるものであろう
か。そこには、やはり映像アーカイブならではの特殊性が存在する。その特殊
性を明らかにするために、まず、文書館における利用の目的を確認する。

　テオ・トマセンは、アーカイブにおける「情報は（中略）再利用されること
を想定して記録される」[127] と述べ、『アーカイブズ学要論』は「公文書は、あ
くまでも利用することが保存の目的」[128] であるとしている。また、「ベルリン
州公文書館法2条2項」には、「記録資料を把握し、評価し、保存し、永続的
に保護し、検索を保障し、一般の利用に供することのできる状態にし、とりわ
け学術的な研究と公務を助成し、及び国の歴史の研究と伝承に協力する」こと
が公文書館の任務であると記されているという [129]。

　こうした文書館の利用に関して、その目的を『アーカイブズ学要論』は、次
のように記している。

　　アーカイブズは何のために利用されるのだろうか。（中略）行政管理の観点か
　らならば先例の調査、新たな文書起案のための文例の検索が目的となろうし、ま
　た歴史研究の観点からならば文書の森に分け入ってまだ誰の目にも触れていない
　歴史的事実を発見することや、既存の知識と結びつく材料を発掘することが目的
　となるだろう [130]。

　このようにアーカイブズ（文書史料）は、調査や研究のために用いられると
されている。映像アーカイブも同様に、調査や研究のために用いられる。
　以下、調査や研究の目的で映像アーカイブが使われることによって、映像メ
ディアに寄与した事例を挙げる。
　映像アーカイブが映像コンテンツ制作のための調査や研究の場として早い
段階で大きな貢献をした例としては、アンリ・ラングロワが創設したシネマ
テーク・フランセーズが挙げられる。20 世紀半ばにフランスで起こった革新
的な映画の潮流であるヌーヴェル・バーグを主導した映画監督ゴダールは、シ
ネマテークに通って、多くの作品を鑑賞し、評論や自らの映画制作の糧とし
た。1966 年、リュミエールの回顧上映に際して、ゴダールは次のように語っ
ている。

　　アンリ・ラングロワのおかげなのであります。……わたくしが慣例よりもやや
　時間をかけてお話ししてしまったのは、アンリ・ラングロワとその忠実な協力者
　たちに負っているわたくしの負債を、公けの席で表明したくてならなかったから
　であります [131]。

　ラングロワは保存よりも利用に重きを置いたといわれる。シネマテーク・フ
ランセーズのコレクションは組織ごとに出所原則を保ったものではないが、そ
こに収蔵された映画は、同じく映画を制作しようとする者に対して、「先例の
調査」や「新たな起案」のための資料を提供したのである。
　1963 年、シネマテーク・フランセーズで「日本映画の回顧上映」が行われ
た。そして、その時使用されたプリントが日本に返却され、同年 11 月末から
翌 1964 年にかけて「日仏交換映画祭・日本映画の回顧上映」として 169 本の
連続上映が行われた。これらの作品の購入が、日本の国立近代美術館フィル

ム・ライブラリーの基礎となったという[132]。

　一方、映像資料が実際に事実を裏付けるための証拠として使用された場合もある。たとえば、ニュルンベルク裁判では、ナチス・ドイツの戦争犯罪に対する証拠として、映像資料が上映された[133]。

　こうした利用の形態は、文書館のそれとよく似ているといえる。所蔵する資料が研究や調査に貢献したり、歴史的価値を有する資料として用いられたり、社会における資料利用の活性化に貢献したりするという形態である。

　しかし、映像アーカイブにおける資料の利用形態には、上記のような形態とは異なる形態も存在する。それは、映像資料としての映像コンテンツを別の映像コンテンツに挿入して新たなコンテンツが再生産されるという、映像アーカイブ独特の形態である。

　その嚆矢は、1920年代のロシア（旧ソ連）で、編集者のエスフィリ・シューブが作成した『ロマノフ王朝の崩壊』[134]であるとされる。シューブは、反体制的な映像として倉庫に放置されていた革命前のロマノフ王家を撮影したフィルムを発見し、それらの映像を再構成してコンテンツに仕上げたのである。

　1960年代には、第二次世界大戦中、ドイツの占領下にあったフランスでのレジスタンスの実態を描いた『悲しみと哀れみ ―― 占領下のある町の年代記』[135]が制作された。この作品で、監督のMarcel Ophuls（マルセル・オフュルス）は映像資料と当時の人々に対する現在のインタビューが交互に登場するように編集する手法を用いて、レジスタンスの真相を浮かびあがらせ、反響を呼んだ[136]。

　こうした映像アーカイブの映像資料を用いる映像コンテンツの制作は、欧米では、1970年代から1980年代にかけてしだいに盛んになった[137]。1980年代には、アメリカにおいて、映像資料を活用した歴史ドキュメンタリーの大作が相次いで制作された。『ベトナム ―― テレビでたどる歴史』[138]や『勝利を見すえて ―― アメリカ公民権運動の歴史』[139]は、その代表的な例とされている。これらの番組では、オフュルスの作品と同様に、映像資料と当事者の証言が交互に使われるという手法が用いられており、歴史ドキュメンタリーの代表的な

制作手法となったと考えられる。1990 年にアメリカで放送された『南北戦争』[140] は、文書資料を声優に朗読させることによって、音声による証言を擬似的に再現し、写真の再撮影と組み合わせるという手法によって、画期的な作品となったといわれる [141]。

　その頃から、国境の壁を越えて、世界の放送局が連携して歴史ドキュメンタリーを制作することがしだいに盛んになり、1995 年には、日本の NHK とアメリカの ABC による国際共同取材番組『映像の世紀』[142] が制作された。

　一方、1990 年代以降には、テレビ局ではなく、独立した映像作家として、映像資料を活用した作品を創ることも盛んになった。たとえば、ヒトラー、ムソリーニ、毛沢東、フランコ、スターリンの映像資料を駆使して制作した『ヒューマン・リメインズ』[143] の Jay Rosenblatt（ジェイ・ローゼンブラット）が知られている。映像資料を活用する作家では、『華氏 911』[144] などの作品を制作した Michael Moore（マイケル・ムーア）も有名である。

　映像資料を用いた映像コンテンツの制作においては、アウトテイクスが活用される場合もある。たとえば、Kevin Brownlow（ケヴィン・ブラウンロー）と David Gill（デビッド・ジル）が制作した『知られざるチャップリン』[145] というドキュメンタリーには、チャップリンの映画において本編では使われなかったアウトテイクスが用いられた [146]。その中には、チャップリンのアクロバティックな演技が逆転撮影のトリックによるものであったことを示すショットもあり、アウトテイクスの価値を知らしめる作品となっている。

　ドキュメンタリーだけでなく劇映画にも映像資料を駆使してリアリティーを強める作品がある。たとえば、1950 年代におけるアメリカのジャーナリスト、Edward R. Murrow（エド・マロー）の活動を描いた『グッドナイト＆グッドラック』[147] では、当時の映像資料がふんだんに使われた。エド・マローがマッカーシー上院議員の赤狩りに対抗するためにマッカーシーの姿を写したニュース映像の力を用いて世論に訴えたことは『映像メディア論』で触れた事項 [148] である。この映画『グッドナイト＆グッドラック』では、マロー自身は俳優が演じているものの、マッカーシー上院議員は俳優が演じるのではなく、当時のマッカーシーの映像が用いられている。また、映画の中のテレビ画面に

現れる番組は、一般の収集家が所蔵していた16ミリのプリントから転写して復活させたという[149]。1950年代のものであるため、まだビデオテープが本格的に普及しておらず、録画は放送局にもアーカイブにも残されていなかったからである。

4-2 映像コンテンツの再生産構造

『グッドナイト＆グッドラック』の例は、映像メディアの重層性、なかんずくその3層構造と映像資料によるコンテンツ制作の入れ子構造を示している点で重要である。まず、1950年代のテレビ番組『シー・イット・ナウ』がニューズリールを番組内に用いるという点で、テレビによる映画の包含を示している。一方、2005年の『グッドナイト＆グッドラック』では、映画の中で1950年代のテレビ番組が包含されている。

このことは、メディアのレベルではなく、コンテンツのレベルでは、映画、テレビ、インターネット配信の3層は不可逆的に重畳されるものではなく、3者はいずれも他を自らのうちに包含しうる状態が、今日では成立していることを示している。

改めて、映像メディアと映像コンテンツについて、その対応関係を次の表に示す。

表5　映像メディアと映像コンテンツの対応

メディア （伝送路）	映画 （配給網）	テレビ （放送ネットワーク）	インターネット配信 （インターネット）
コンテンツ （映像資料）	映画作品	テレビ番組	インターネット動画

『グッドナイト＆グッドラック』の場合、新しいコンテンツの中に古いコンテンツの断片が挿入されるという態様が出現している。しかし、挿入される古いコンテンツは必ずしも断片化されなくとも新しいコンテンツに包含されうる。新しいコンテンツの尺（コンテンツの時間的長さ）が古いコンテンツのそ

れよりも長ければ、古いコンテンツの一部分ではなく全体が包含されることも可能である。

　また、古いコンテンツと新しいコンテンツは必ずしも異なるメディアに属さなければならないこともない。映画の中に他の映画が、テレビ番組の中に他のテレビ番組が、インターネット動画の中に他のインターネット動画が、素材として挿入されうる。

　一方、伝送路としてのメディアは、映画、テレビ、インターネット配信のいずれかとなるが、コンテンツは、一旦はデジタル化されて同じ形式で扱えるものとして変換されることにより一つのコンテンツとして編集されることが可能になる。その結果、いずれのメディアにおける古いコンテンツも新しいコンテンツに包含され、新しいコンテンツはいずれのメディアにも供給されうることになる。

　こうした映像資料による新たなコンテンツの再生産の過程を図示すれば、次のようになる。

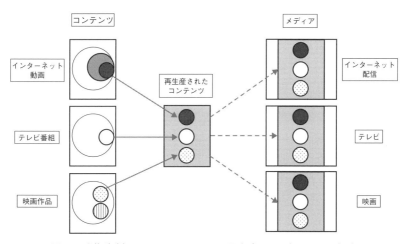

図２　映像資料によるコンテンツの再生産とメディアへの包含

　古賀は、図書館、博物館、文書館における資料の保存と利用について、次のように記している。

　図書館であれば資料の利用促進が大きく意識される一方、博物館では資料の保存・保護がより重視され、資料の利用は保存・保護に差し支えない範囲に限られる（略）文書館では資料保護の必要性は高いものの、資料の利用促進も求められる[150]。

　古賀の記述のとおり、保存と利用のどちらをより重視するかという観点から、3者には差異があると考えられる。そうした差異は、3者が扱う資料が複製であるか1点限りのものであるかにも関わっているといえよう。しかし、そうした差異がありながらも、3者ともに一般への利用を原則として可能にしているという点では、似た性格を有している。このことは、3者が公共的な施設である場合には、当然のこととなる。

　では、映像アーカイブはどうか。

　映像アーカイブには、公的な機関であっても機関アーカイブであれば、利用においては「誰もが」利用できるとは限らないものがある。たとえば、公共放送局が自局内に有する映像アーカイブの多くは、組織アーカイブとして放送番組を収録し、整理し、保管している点で文書館と相似した態様を示す。また、その存在は公共的な性格を帯びている。それにもかかわらず、その映像アーカイブにおける資料は自局内での再利用を主とし、他からのリクエストがあっても貸し出されないことがある。貸し出す場合でも多くは有償であり、一般にではなく業者間（B to B）であることがほとんどである。ただし、インターネットの普及に伴い、自社サイトを通じて、直接一般に対してB to Cとして動画ファイルを販売することも行われるようになってはいるが、その場合、再利用は想定されていない。

　このことは、「文書館は図書館のように誰でも利用できる」[151]ことが基本とされていることとは、大きく異なっており、組織アーカイブとしての映像アーカイブの特性を表すといえる。

　映像アーカイブは、その扱う資料の存在形態および閲覧形態については、図書館、博物館、文書館におけるそれらの性格を包含した、複合的な性質を示した。しかし、利用の態様については、図書館、博物館、文書館におけるそれを

包含するよりもむしろ、一般の利用に供せられない場合があるという点で、一部、欠落した性格を有するともいえる。

　このことは、映像アーカイブが、多くは、職業的な専門家によるコンテンツの再生産を目的として利用されるという特性に起因すると考えられる。そして、そのことには、映像アーカイブに収蔵された映像コンテンツが、著作権などの知的財産権やその他の権利が輻輳した存在であることも関わっている。

　このように、映像アーカイブにおける映像資料は保存や調査・研究目的で利用されるだけでなく、コンテンツの再生産においても利用される。その利用のされ方は、文書館とは大きく異なっている。そして、調査・研究目的であっても、コンテンツの再生産目的であっても、映像資料を扱う際には、高度の映像リテラシーが必要となる。

4-3　ニュース映画と「フェイク映像」の判定

　映像資料の内容と意義を読み解く力が、いわゆるメディア・リテラシーとして重要であることはいうまでもない。しかし、（実写による）映像資料の場合は、そこに事象を動く映像として記録することの特性が関わる。したがって、その特性を理解していることが肝要となる。映像によって何かを記録することが、文字によるそれと異なる特性は多々あるが、それらの中でも次の諸点は特に重要といえる。

・写真という光学的（化学的）に光景を写し取る技術を原理の一つとしているため、きわめて高い写実性を有する。
・限られた枠（通常は矩形）の中に光景を切り取るため、記録者が（意識するとせざるとにかかわらず）その切り取り方を決定できる、と同時に、決定しなければならない。その結果観客あるいは視聴者には、枠の外側にある事象は見えない。
・カメラのレンズを通して光を収集するため、人間の目とは異なるレンズの特性に影響を受ける。その結果、カメラのレンズ特性を熟知した記録者であれば、印象を操作することが可能になる。

・静止画の連続で構成されているため、任意の静止画と次の静止画の間で切り離す（カッティングする）ことが可能である。このことが、編集を可能にし、時間と空間を擬似的に変形した印象を観客あるいは視聴者に提示することが可能になる。

・カメラのレンズを通して撮影し記録するため、その場にカメラが無い場合は記録できない。これに対して、文字による記録は、記録者が観察した後で記録することが可能である。

・その場にカメラがあってもシャッターを押さない限り記録できない。したがって、監視カメラや車載カメラなどのように24時間記録し続けている場合を例外として、通常は事象が発生する瞬間は、偶然でない限り記録することが難しい。19世紀の末に「映画の保管所」を提唱したマトゥシェフスキは、「歴史的な出来事は、予期された場所で起こるとは限らない。（中略）ものの始まり、最初の動き、突発的事象は、撮影機にとらえられることを免れる」[152] ことをすでに認識していた。

　以上、映像の特性として把握しておくべき重要な点を挙げた。これらのことが映像による事象の記録を困難にすると同時に、画面に映し出された事象の印象を操作することを可能にする。映像コンテンツでは、編集によって、「多くのアングルや距離から、ひとつのエピソードを続けざまに見られる —— 生身の人間には不可能な、完全に超現実的な能力」[153] を発揮できるのである。その結果、単なる記録ではなく、芸術としての表現も可能になる。

　問題は、こうしたことに対する映像リテラシーを欠いている場合、ニュースやドキュメンタリーといった映像資料を、すべて事実が写し取られた客観的なものとみなしてしまうことにある。また、そうした観念が覆されて、そこに映されているものが事実ではなかったと知った時、過剰な反応をすることにもなる。

　特に、それがドキュメンタリーという範疇に名付けられた映像コンテンツの場合、事象を繰り返して撮影し、ショットの順番を入れ換えて編集するという態様で、広義の再現が行われることが許容される。

　ドキュメンタリー映画の父とも呼ばれる Robert Flaherty（ロバート・フ

ラハティ）は次のような逸話を残している。『極北のナヌーク』[154] という作品の制作に際して、狩りをする場面を撮影する時、「映画に差し障りがあるような場合には、獲物を仕留めるのをあきらめてもらわなくてはならないかもしれない」[155] ということを、被写体となる人びとにあらかじめ伝えていたのである。これはドキュメンタリーが撮影者による現実の操作を伴なって制作されるコンテンツであって、必ずしも現実の完璧な転写ではないことを物語っている。『極北のナヌーク』を撮影中のフラハティの日記には、Retake（撮り直し）という語が記されている [156] あるショットを再度撮影したことを示す記述である。『映像メディア論』では、ドキュメンタリーはドラマ（劇映画）とニュースの性格を併せ持つことを述べた。映画監督のジャン＝リュック・ゴダールは、ドキュメンタリー作家のフラハティをサスペンス映画の巨匠アルフレッド・ヒッチコックと対比して、「フラハティーの天才はヒッチコックの天才とそれほどかけ離れたものではない」[157] と述べている。

　映像作家の Erik Barnouw（エリック・バーナウ）は、フラハティの制作方針は、「暴露ものを作ることではなく、彼が貴重だと思うものを称える」ことであり、そこに「のちの何世代もの人々が感動」[158] したと記している。フラハティのドキュメンタリーは再現があっても、記録資料の二次的機能によって、今日では貴重な歴史史料となっている。そのことに加え、芸術作品としても人びとの心を動かすものとなっていることになる。『極北のナヌーク』は、芸術であって記録でもあるという二重性を有しているといえる。映像アーキビストの Bill Nichols（ビル・ニコルズ）は、ドキュメンタリーには、撮影だけでなく編集の観点からもみても、ジャーナリスティックなルポルタージュと芸術的表現による映画という両極に対置しうる二つの類型があると述べている [159]。ここに映像コンテンツとしてのドキュメンタリーが有するもう一つの特性がある。

　映像資料が実際は再現によって撮影されたものだという問題は、一般にはニュース映画の範疇と解されるニューズリールでも起こりうる。

　先に述べた映像の特性によって、大事件であっても映像による記録が残されていない場合はある。そして、その大事件を別の事象の映像によって置き換え

ている場合もある。また、まったくの再現による、いわゆるフェイク（にせもの）である場合もある。

　映画が誕生したのは 1895 年であるが、その頃の歴史的事件を記録したニュース映画とされる映像資料のかなりの部分が、再現によって撮影されている。たとえば、1898 年に起こった米西戦争（アメリカとスペインの戦争）に際しては、ミニチュアの艦船によって海戦を再現した映像が上映された[160]。また、1899 年に起こったボーア戦争（イギリスによる南アフリカの植民地化戦争）に際しては、アフリカではなくアメリカで撮影した戦闘場面の映像が上映された[161]。1906 年のサンフランシスコ大地震に際しては、実際の映像に混じって、模型で再現した映像も用いた映画が上映された[162]。

　定期的に公開されるニュース映画が初めて制作されたのは 1909 年、フランスの Pathé（パテ）社によってであるといわれる[163]。以後、定期的に上映されるニュース映画（ニューズリール）は、テレビが登場するまでは、広く普及した映像コンテンツだった[164]。

　1930 年代には、ほとんどすべてのハリウッドの大手映画会社がニューズリールを上映するようになった。それらの中では、Paramount News（『パラマウント・ニュース』）、Universal Newsreel（『ユニヴァーサル・ニュース』）、Fox Movietone（『フォックス・ムービートーン』）、Pathé News（『パテ・ニュース』）、The Hearst Metrotone News（『ハースト・メトロトーン・ニュース』）などがよく知られている[165]。

　こうしたニューズリールはアメリカでは 1967 年頃まで劇場で上映されていた[166]。

　ニューズリールの多くは、1 本の中に政治、自然災害、スポーツ、ファッション、日常生活の点景など、さまざまなトピックがそれぞれショート・ストーリーとして詰め込まれている。その構成は、テレビのニュースと大きくは違わない。異なるのは、ニューズリールの中には、ニュースとして伝えられながらも、実際には俳優や映画のセットを使った創作が含まれている場合があることである[167]。

　こうした一種のドラマ仕立てのテクニックを駆使したことで有名なニューズ

リールはタイム社が制作し、1935 年から開始された The March of Time（『マーチ・オブ・タイム』）である [168]。『マーチ・オブ・タイム』は 1 本につき 1 テーマで、再現映像を多用し、センセーショナルな音楽やナレーションを付加した独特のスタイルを構築した。その制作方針は、「事実に忠実な捏造」[169] であるとしていたともいわれる。

　こうしたテクニックは、ドキュメンタリーでも用いられており、たとえば『ナチス・ドイツの実態』[170] というドキュメンタリーには、俳優に演技をさせてアメリカで撮影した映像が用いられているという [171]。

　こうしたことが生じる理由の一つは映像の特性による。それは、よほどの偶然でないかぎり、映像は、事件や事故が起こった後でなければ撮影できないという特性である。特にフィルム時代は 1 回に撮影できる時間が限られている。現代のように数時間連続して撮影はできない。したがって、常時、カメラのシャッターを切ってフィルムを回しておく（撮影しておく）ことはできない。このことが、いわゆる「再現」と呼ばれる手法を生んだ。こうした再現を用いる手法は、第二次世界大戦期までのニューズリールやドキュメンタリーでは多用されていたために注意が必要である。戦後は、こうした手法を正統的とはみなさない考え方も生まれている [172]。

　これらの事例のようにフェイクであることがすでに知られていたり、演技であることが明らかに見て取れたりする場合とは別に、事実を写し取った記録であるとしてアーカイブに保存されている可能性があることに注意する必要がある。

　たとえば、1930 年代におけるアメリカの大恐慌を描いた映像コンテンツを制作した Jon Else（ジョン・エルス）は、当時のニューズリールで、Upton Sinclair（アプトン・シンクレア）の悪口をいう場面に登場するカリフォルニアのホーボー（放浪生活をする労働者）は、皆、シンクレアに反対する Louis B. Mayer（ルイス・B・メイヤー）が雇った俳優だったことがわかったという [173]。

　結局、先にあげた映像の特性に照らして、はたして、その時、その場に撮影者が前もって居合わせることは可能だったかが、まず問われることになる。次

いで、カメラはどこに置かれているのか。すなわち、撮影者は現場にいたとしても、そこにカメラを置くことが可能なのかが問われることになる。さらに、カメラがそこに置かれることが可能だったにしても、なぜそこに置かれているのか、すなわち、制作者はどのような理由あるいは意図で、そこにカメラを置いたのかが問われることになる。

　戦争の映像資料では、戦闘中の場面があった場合、銃弾などが飛び交う中で、カメラマンが被弾することなく、その位置にカメラを置いて撮影できたのかを考慮することが肝要である。

　これらのことは、ショットレベルでの観点である。さまざまなショットが編集されてシーンを構成している場合、巧妙に事実でないショットを紛れ込ませることがあれば判別は困難になる。そうした場合には、結局、編集された結果の一連の流れに対して、はたして誰がどのような意図で撮影したのか、画面の外にあって見えていないものは何なのかを、全体の文脈から読み取っていくことが必要になる。

　フェイク映像の真贋を見分けるに際して、映像アーカイブにオリジナルが保存されていることが重要であることは『映像メディア論』でも述べた。映像アーカイブの機能について述べれば、アーカイブに保管された未編集素材やアウトテイクスがフェイク映像に対して大きな意味を持つ場合がある。

　第二次世界大戦中、映画監督ジョン・ヒューストン（John Huston）はイタリア戦線の激戦地サン・ピエトロでのアメリカ軍を描いたドキュメンタリー映画『サン・ピエトロの戦い』[174] を制作した。この映画は一見すると実際の戦闘をそのまま写し取ったかのような迫真性を有しているが、かなりの部分が再現であるという。その未編集素材がアメリカ国立公文書館に残されている。そこからは、ヒューストンが用いたさまざまなテクニックを窺い知ることができる。そして、それと同時に、ヒューストンにとって「あまりにも完璧な構図であったり演出が過剰だったりするとみえた映像——たとえば、遠くで起きた爆発を映し出すためにカメラマンがピントを前景から背景に送るようなショット——は、完成版から排除されている」[175] ことをも示している。フェイク映像が巧妙に創られており、一見したところでは完全には見破れないものであって

も、その未編集素材には、真実が映し出されている可能性があるといえる。映像アーカイブにおける「1点性」資料の重要性を改めて示す事例である。

　アウトテイクスが活用される場合も含め、映像資料を用いるコンテンツの制作にあたっては、必ずしも既知の資料だけが求められるわけではない。映像アーカイブを探索する過程で思わぬことから発掘される映像が、貴重な資料としての価値を有することがある。制作の過程で新たな映像が発掘されたり、これまで看過されていた映像が再評価されたりした場合などには、その映像資料を最大限活用するために、番組全体の構成や取材方針を変える場合もある[176]。

　ケネディ大統領暗殺の瞬間は、公式には撮影されていなかった。その理由は、パレードの現場にカメラが設置されていなかったからであることは、『映像メディア論』で述べた。では、今われわれが目にしている、オープンカーに乗った大統領が銃で撃たれた瞬間を写した映像は何なのだろうか。フェイクではない。パレードに居合わせた人が所持していた小型のムービーカメラで撮影したフィルムである。このフィルムは撮影者の名前をとって The Zapruder Film（ザプルーダー・フィルム）と呼ばれ、「アメリカ国立フィルム登録簿」に記載されて永久に保存されることになっている。

　このようにたまたま居合わせた人が携帯していたカメラで撮影した映像の所在が後から明らかになる例は他にもある。

　たとえば、筆者が制作に参加した『パールハーバー　日米の運命を決めた日』[177]というドキュメンタリー番組でも、日本軍に攻撃される真珠湾のアメリカ海軍基地をアメリカ側が撮影した実写映像が用いられている。たまたま攻撃時に別の目的でカメラを所持していた人が撮影した映像である。真珠湾攻撃でアメリカ側が撮影したとされる映像の多くは、後になって再現された映像であるが、中には実写も存在する。このことは、それらの映像の真贋を見極めるリテラシーが重要であることを改めて示すといえる。

　映像リテラシーの重要性に関しては、次のような逸話が、バーナードとラビンの著書 Archival Storytelling に記されている[178]。

　映像リサーチャーのサクストンは、ベトナム戦争の一因となったトンキン湾事件の記録を調査した時、day for night と記された映像資料に出会った。

day for night とは直訳すれば、「昼を夜に」であるが、映画用語としては、夜景を日中撮影でという意味である。すなわち、夜のシーンを昼に撮影する（あるいは撮影した）ことを示す。野外撮影をする時に、フィルターを用いて、日中に夜間の情景を擬似的に撮影する手法である。この手法は、ハリウッドで広まったとされることからフランスでは「アメリカの夜」と呼ばれ、フランソワ・トリュフォーが監督した映画 [179] の題名にもなっている。

　サクストンによれば、その映像資料には、日中に撮影されたトンキン湾事件の「再現」が写っていたという。トンキン湾事件は捏造であったとされているが、day for night と記された、この映像資料は捏造を示唆するものといえる。この事例は、映像資料の調査および利用にあたって、映像リテラシーの有無が重要であることを如実に物語っている。もしリサーチャーが day for night という用語の意味を理解していなかったら、調査にあたって、その映像が加工され、事実とは異なる印象を与えるものとして制作されたことにすぐには思い至らなかったと考えられるからである。

〈コラム〉　世界の映像アーカイブ（4）

アメリカ国立公文書館アーカイブズⅡ（アメリカ・メリーランド州カレッジ・パーク）

　アメリカ国立公文書館における映像資料は、かつては、ワシントン D.C. の建物内でビューイング・コピーを視聴することができた。筆者は 1990 年代前半に何度か訪問し、年によっては 1 か月ほどかけて第二次世界大戦に関する映像をしらみ潰しに視聴したこともあった。当時は、まだカードによって検索し、ビューイング・コピーの貸し出しを頼むという方法で、視聴には手間と時間がかかった。映像リサーチャーの方々にも大変お世話になった記憶がある。その後、映像資料を視聴する場所はメリーランド州のカレッジパークにできたアーカイブズⅡという建物に移った。アーカイブズⅡへはワシントン D.C. の本館（アーカイブスⅠ）前から出発するシャトルバスを利用するのが便利である。交通状況にもよるが、1 時間ほどで到着する。アーカイブスⅡは、緑に囲まれたガラス張りの建物で、この 4 階にある Motion Picture, Sound & Video Research Room（映画、音声、ビデオ調査室）が映像資料のリサーチと視聴を行う場所となっている。オンライン化が進められており、資料によっては検索だけでなく視聴も PC 上でできるため、利便性は格段に向上した。該博な知識を有する映像リサーチャーがいる小部屋もあり、機会があれば話を聞いてみることをお勧めしたい。

第 **5** 章

映像資料の情報記述

5-1 映像資料におけるメタデータの概念モデル

　デジタル化の進展とインターネットの普及に伴い、「近年、映画やテレビなどの各種映像作品の保存と継承が大きな課題となっているが、映像に関するメタデータの標準化も大きな課題となっている」[180) と指摘されている。

　本章では、映像資料に関するメタデータを扱うが、もとよりメタデータ全般に関する考察はこの小著が担うには大きすぎる題材である。したがって、本書ではメタデータに関して、特に映像アーカイブに関連して主要な事項を俎上に載せ、概念に関する考察と共に、具体的事例についての言及も行うが、その範囲は必要最小限にとどめるものとせざるをえない。

　メタデータとは、「何らかの対象に関する情報を表すために書いたデータ」であり、「何らかの情報資源に関するデータ」すなわち「データに関するデータ」[181) であるとされる。また、「本来 metadata という語は、データベースなどのデータに関する属性や仕様情報を示すデータという意味であるが、近年はデジタル化された文化資源だけではなく現物の文化資源の内容などを示す情報にも用いられており、Catalog Information という語と同じような意味で用いられている場合もある」[182) ともされる。

　図書館、文書館、博物館といった情報資源を扱う機関においては、「図書館目録では FRBR（「書誌レコードの機能要件」）、文書館目録では ISAD（G）の文書階層モデル、博物館では CRM（概念参照モデル）などが、それぞれ国

際レベルの代表的な概念モデル」[183] となっている。

　一方、これら各機関のメタデータによる連携に関しては、文書館および博物館（および美術館）では、「欧米を中心に標準的なメタデータの策定が進展し、目録情報の電子化とその公開、そして同じ種類の機関同士の横断連携などが試みられた」[184] とされる。そして、「インターネット上の電子情報資源を記述する Dublin Core などのメタデータの策定が進展するとともに、電子情報資源用のメタデータを介して、Europeana などに代表されるような類縁機関同士の横断検索なども試みられている」[185] 状況にある。

　その上で、「特に映像アーカイブや、類縁機関である美術館・博物館や図書館などと連携するメタデータの策定が課題となっている」[186] と評されている。

　メタデータは、構造化されたメタデータとタグのような構造化されていない単純なメタデータとに分けることができる。後者は、ウェブ上でのユーザーによるタグ付けやコメントなどによって膨大に生成され、また、検索エンジンによる検索の対象ともなっている。このことは、映像メディアでは、当然ながら3番目の階層であるインターネット配信においてみられるようになった現象である。この事象、すなわち、構造化されていないメタデータが映像コンテンツの検索に際して重要となることは『映像メディア論』や『インターネット動画メディア論』でも述べたが、本書では、動画保管所（Video Repository）としての YouTube について考察することとあわせて、第8章で検討する。このことを踏まえ、本章では、映像コンテンツに関するメタデータのうち構造化されたものを主として対象とし、映像メディアの第1階層である映画についてのメタデータに関する論点を詳述する。メディアとしての映画がその他の二つの階層すなわちテレビとインターネット配信に包含され、それらのコンテンツとなることからも、映像に関するメタデータを論じる際の根幹となると考えられるからである。

　メタデータは便宜的に三つのタイプに区分できるとされる。その三つとは、①記述メタデータすなわち所蔵資源のカタログ（目録）やユーザーによるタグ、②管理メタデータすなわち技術、権利、保存などに関する情報、③構造メタデータすなわち論理的な構成と物理的なファイル群の対応に関する情報であ

る[187]。本書では、このうち①記述メタデータを主たる対象とする。

　映像アーカイブにおける記録資料の態様は、文書館や図書館のそれらとは異なっているが、そのことは、映像資料の目録作成にあたっても、同様であると考えられる。このことは古くから指摘され、安澤は、「目録作成は幾つかの問題を胎んでいる。（中略）決定的なのは旧来の図書館方式分類法が全く不適切であるということである」[188] という大英記録協会の 1982 年大会における視聴覚記録に関する実務委員会の報告を紹介している。このように、資料としての映像が図書とは異なる性格を示すことは、1989 年に発行された『事典映画の図書』[189] が、図書館の 10 進分類法とは異なる分類を試みたことでも明らかになっていた。

　こうした観点を踏まえて作成されたのが、国際フィルムアーカイブ連盟（FIAF）の「動的映像目録マニュアル」[190] である。FIAF が、ドキュメンテーションと目録作成の委員会を設立したのは 1968 年のことであり、その目的は、映画に関する目録作成とドキュメンテーションについて専門家による情報交換を促進することだった[191]。なお同様のマニュアルには、アメリカ議会図書館による「動的映像資料の目録作成マニュアル」[192] もある。

　FIAF の 2016 年版マニュアルに記されているのは、概念モデルというよりも、むしろ、目録作成に際しての記述規則であるとされる。どのような場合でも「データ項目ごとの取り扱いの詳細を規定する作業が必要」であり、それらを規定したものを「利用ガイドライン」と呼ぶことがある[193]。このマニュアルもそうしたガイドラインを示したものと考えられるだろう。

　とはいえ、データエレメンツに触れることなく規則を設定するのは困難であることから、メタデータストラクチャも提示され、映像資料に関するコアエレメンツ core elements の概略も記している。ただし、ここでいうコア core とは、Dublin Core（ダブリンコア）などにおけるコアではなく、映像資料を記述する際に用いられる共通要素を提示するという趣意のものである[194] とされる。

　FIAF のマニュアルには、著作 Work、異なり Variant、体現形 Manifestation、個別資料 Item（s）という四つのエレメンツとその関係が示されている。著作は

ある特定の作品を示し、異なりはその特定のエディション edition、体現形は
その特定の公表形態 publication、個別資料はその特定のコピーあるいは構成
物を指す [195]。一方、図書館目録の代表的な概念モデルである FRBR（「書誌レ
コードの機能要件」）では、著作、表現形、体現形、個別資料という四つの実
体が定義されている。

　第3章で考察したように、図書館と映像アーカイブは、複製を収蔵するとい
う点では共通しているが、1点性を持つ資料の有無という点では異なっている。
FIAF のマニュアルは、前述のごとく「書誌情報共有モデルは、図書館にはう
まく作動するが、映像アーカイブが必要とするすべての機能は提供できない。
なぜなら映像アーカイブのコレクションにはしばしば、そこにしかない、ある
いは、ごく少数のアーカイブにしかないものが含まれているからだ」とした上
で、「これらのためには、図書館の目録が有する機能とは別の機能を備えた目
録を必要とする」[196] としている。

　そこで、両者を比較するため、それぞれの概念モデルを対置した図を次頁
の図3に示す。図中、FRBR については、FIAF との比較のため、第1グルー
プのみを示す。また、矢印については簡略化して示す。

　以下4レベルのそれぞれについて特に注目すべき相違点を述べる。

　FIAF の目録に載せられた図、すなわち映像に関するモデルにおいて、特徴
的であるのは、異なりの存在である。

　異なりは、著作を一つの全体として大きく変化させるものではないが、なん
らかの変化を著作にもたらすような、コンテンツに関連した特性を記述するた
めに用いられるとされる。異なりは、コンテンツの物理的あるいはデジタルな
具体物を記述する段階のものではないという点で著作に類似している。異なり
の例としては、ある映画がテレビ放送のために、いくつかの箇所をカットされ
はしたものの、元の著作のほとんどの部分は保たれている場合が相当する [198]。

　このことは、岡島による「映画は複製芸術でありながら、各プリントには固
有の価値と個性があるという性格を持つために、アーカイブでは作品数がフィ
ルム数と一致しない、バージョンが多数生まれる」[199] という指摘とも呼応し
ていよう。

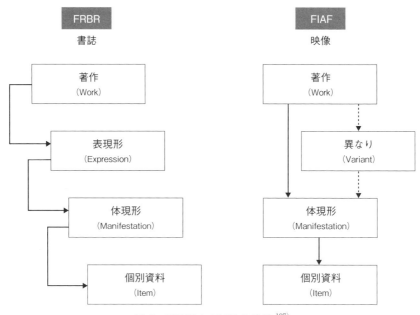

図3　FRBR と FIAF の比較 [197)]

　なお、FIAF（映像）の図式における著作は、情報的あるいは芸術的な内容と映画的な媒体によって表現される情報的あるいは芸術的な内容の実体（Entity）であるとされる。すなわち、ある（動的）映像について、それが何と呼ばれるか、いつ創られたか、誰がそれを創ったか、誰が映っているか、何についてのものかなどである。このコア情報は通常、異なり（Variant）や体現形のレベルにおいても変化しない [200)]。

　また、著作は、次の各項と関係づけられる。すなわち、エージェント（Agent (s)）、イベント（Event (s)）、主題 / ジャンル / 形式（Subject (s) /Genre (s) /Form (s)）、異なり、体現形、その他（他の著作を含む）である。異なりは、次の各項と関係づけられる。すなわち、エージェント、イベント、主題 / ジャンル / 形式、著作、体現形、その他（他の異なりを含む）である [201)]。

　ここでいうエージェントとは、ある著作あるいは異なりの制作や演出や編集や展開に関わり、その著作あるいは異なりについて主たる責任を有するか重要

性を有すると考えられる実体として規定される[202]。

　異なりの決定には人間による分析が必要となる。そこには解釈が伴うからである。異なりを決定することはいつも簡単にできるとは限らない。たとえば、ある機関（組織）が映画の放送を録画したビデオを所蔵しているとする。しかし、そのビデオの内容をオリジナルの劇場公開版と比べることができないとすれば、それが改変されているかどうかを確かめることはできない。

　異なりは、FRBR の表現形とは相違するものである。映像のコンテクストにおいては、異なりと表現形は等価の概念と考えることはできない。なぜなら、映像作品それ自体がすでに自身の表現形だからである[203]。

　FRBR においては常に表現形が存在する。一方、FIAF では、制作時のオリジナルのまま何らの変化も生じていない場合は、異なりは存在しない。すなわち、異なりは常に存在するとは限らないが、表現形は常に存在しなければならない[204] という点が両者の相違である。

　また、FRBR では、著作と表現形を抽象的な実体とみなし、体現形あるいは個別資料のレベルにおいてでしか物理的特性を有さないとしている。一方、FIAF における著作は具体的な実体とされる。なぜなら、映像における著作は制作されると同時に（アナログあるいはデジタルの）「固定された」あるいは「表現された」オブジェクトとなる。このオブジェクトは、通常、視覚的部分（動的映像）とテクスト的部分（サウンドトラックや字幕）との結合によってできている。したがって、映像における著作の概念は、内容（content）と映像媒体における実体化プロセスの双方を含むものとなる[205]。映像コンテンツは、それ自体がすでに自身の表現形なのである。

　体現形とは、ある（動的）映像の著作や異なりの実現 embodiment である。体現形には、あらゆるアナログ、デジタル、オンラインのメディアが含まれる。体現形の情報には、その個別資料がアーカイブに所蔵されているかどうかにかかわらず、ある特定の体現形が有すると想定される形態に関する記述が含まれうる。たとえば、ある映画の初公開時の長さが 1 時間 30 分であるのに、そのアーカイブに所蔵されている体現形は一部の映像を欠いているためにそれより短いような場合である[206]。

　個別資料とは、ある著作あるいは異なりの体現形の物理的生成物、すなわち、ある著作あるいは異なりの物理的コピーである。一つの個別資料は一つあるいはそれ以上の構成物からなる。たとえば、ある個別資料は、リール1巻の場合もあれば5巻の場合もあり、VHSテープ2本の場合もあればDVD1枚の場合もある。個別資料は、その構成物がすべて揃っている場合もあれば、欠落があったり、なんらかの断片だったりする場合もある。純粋なデジタル・メディアにおいては、一つの個別資料は、バックアップコピーの数量にかかわらず、そのコンピュータ・ファイルの利用可能性によって規定される[207]。

5-2　映像資料の時間的空間的規格と「異なり」の発生

　文字によって記された書物や文書は、その装丁や判型によって内容に大きな変化が生じることはない。しかし、映像の場合は、その外形的規格が内容に影響を及ぼす。書物や文書など文字を用いて作成されたコンテンツとは異なる特性を、映像コンテンツは有するといえる。なお、書物における飾り文字や挿絵あるいは、文書群の中に含まれる絵や写真においても、その大きさや鮮明度、配置などが表現として影響するが、これらはコンテンツ生成時に規格化されたものではない。映像コンテンツの場合には、これら空間的情報および時間的情報が、それぞれ数値化された規格として存在する。これら外形的規格が変換された場合に、異なりが生成される。そして、メタデータとして記述されるべき価値が生じる。

　映像コンテンツの外形的規格に関するメタデータにおいて重要なものとして、本書では特に、フレームレートとアスペクトレシオについて検討する。

　フレームレートとは一定の時間単位（通常は秒）におけるフレームの数をいう。ここでいうフレームとは、日本ではコマとも呼ばれる静止画の1枚を指す。動く映像は静止画の連続であることが、この外形的規格をもたらす。映画では今日、通常1秒24フレーム（コマ）で上映される。

　ところが、古い映画はこれとは異なる規格で撮影されている場合が数多くあり、元通りの動きで再生するためには、旧式の映写機が必要になる。また、

旧式の映写機を維持し続けなければならない。たとえば、溝口健二監督の映画『ふるさと』[208] は本来 1 秒 21 フレームで撮影されていたが、再公開では 24 フレームで上映されていた。1995 年、東京国立近代美術館フィルムセンターは速度可変式映写機を導入し、1 秒 21 フレームで上映したという [209]。

　トーキー登場以前のサイレント映画には 1 秒 16 フレームで撮影されているものがある。これを 1 秒 24 フレームの映写機で上映すると、動きの速いコミカルな映像が映し出される。そこで、16 フレームの映像に対し、1 フレームおきに前のフレームのコピーを挿入することが行われる場合もある。このことによって、16 フレームの映像は 1.5 倍に引き延ばされ、1 秒 24 フレームとなる。この映像が改めてフィルムやビデオテープに固定されれば、異なりが発生することになる。この場合、16 フレームの映像を 1 秒 16 フレームで再生できる装置で上映した場合とは、動きは異なるものとなっている。

　このことは、書物や文書に書かれた文字を読む速度が内容の理解はともかく、そこに書かれた内容そのものに大きな影響を及ぼすとは考えにくいことと対比する時、映像コンテンツの持つ時間的特性をより露にするといえる。

　フレームレートが時間的特性に関する規格であるのに対して、アスペクトレシオは空間的特性に関わる規格である。アスペクトレシオは映像コンテンツの画面の高さと幅の比率を表す [210]。アスペクトレシオには、1:1.33 や 1:1.85 など、さまざまな比率があるが、後の数字だけをとって、133 や 185 と呼ばれることもある。

　このアスペクトレシオは、20 世紀半ばに映画からテレビへの映像メディアの転換が起きた時、その影響を受けて変化した。アメリカでは 1950 年代中頃までの映画は 1.33 あるいは 1.37 のアスペクトレシオで制作されていた。これは、ほぼ、テレビ画面の縦横比（縦 3 対横 4 であるが、通常、縦横を逆にして、4x3 と呼ばれる。アスペクトレシオに換算すると 1:1 1/3）と一致していた。ところが、1950 年代から 60 年代になると、映画はテレビにはない迫力やスケールを加えて競争力を保とうとして、より横長のアスペクトレシオを用いて制作されるようになった。1.66 や 1.85 あるいは 2.35 といった比率が出現した [211]。

　映像メディアは映画、テレビ、インターネット配信の 3 層構造をなし、映

像メディアの転換においては、前のメディアが次のメディアを包含し、前のメディアは次のメディアのコンテンツとなる。すなわち、映画はテレビのコンテンツの一つとなり、映画を含むテレビはインターネット配信の一つのコンテンツとなる。

このことに映像コンテンツの外形的規格が大きな影響をもたらしたのは、映画からテレビへの転換においてである。映画はテレビのコンテンツの一つとなり、テレビ番組として放映されることとなった。その結果、アスペクトレシオ（縦横比）の違いが大きな問題をもたらすことになった。幅が広い映画の画面を幅が狭いテレビの画面に収めなくてはならなくなったからである。

この問題を解決するために、映画フレームの両側を割愛して、テレビの画面一杯に収めて放送することが行われた。割愛された部分にあった情報が欠落した映画がビデオテープに録画され、再放送などの目的のために保存された場合は、情報が欠落しているという意味で内容が異なるコピー、すなわち異なりが、同じ題名の映画で存在することになる。

これらのこともまた、書物や文書と映像との違い、ひいては図書館や文書館と映像アーカイブとの違いを浮き彫りにする事象であるといえよう。そして、両者すなわち書物や文書といった文字による記述の資料と映像による資料との違いが、後者のメタデータに及ぼす重要な課題がある。それは、映像の内容をどうやって文字すなわち言葉で表すかという問題である。

5-3 映像の内容を言葉でどう記述するか

メタデータはデータに関するデータであるが、その表現手段については、書物と映像では次の表のような違いがある。

表6 記録資源のデータとメタデータ

	データ	メタデータ
書物	文字	文字
映像	映像	文字

　表に示したとおり、書物ではデータとメタデータが共に文字という手段を用いて表されるのに対して、映像の場合はデータとメタデータとで、表現の手段が異なっている。

　Charles Sanders Peirce（チャールズ・サンダース・パース）の記号学によれば、記号は、類似記号、指標記号、象徴記号に三分される[212]。フランスの映画学者 Christian Metz（クリスチャン・メッツ）は「映画記号における表現面と内容面の有契性について類像性（類似・類推）と指標性（因果関係に基づく連続性）を重視し、言語記号の恣意性から区別した」[213]とされる。すなわち、文字は、象徴であるのに対し、映像は類似と指標であると考えられる。なお、メッツが、「映画は言語ではなく、芸術的な言語活動である」[214]としたことは、『映像メディア論』で述べたが改めて付言する。

　こうした記号としての性質の乖離が、映像資料において、特に、その内容についてメタデータを記述する際に困難をもたらす。「いつ」「どこで」「だれが」といった情報、すなわち、撮影日時、撮影場所、撮影者などの書誌的な情報であれば、言葉によって同定できるものであるから、文字で記述することに大きな問題は生じない。しかし、「何を」「どのように」といった、その資料に記録されている内容に関する情報は、映像を言葉で言い表すことによる決定的な離齬が生じることになる。ある映像における被写体の形態や動作を言葉で表すことは主観的な営為とならざるをえないからである。

　博物館の資料においても、データが事物であり、メタデータが文字であるという離齬は生じる。しかし、映像の場合は、三次元の物体をどう表現するかという空間的特性だけではなく、動きの要素をどのようにして表現するかという時間的特性も加わる点で、文字との乖離がさらに大きくなるといえる。

　国立民族学博物館の館長として、ビデオテークを構築した梅棹は、「映像情報の検索の問題は、言語情報と映像情報をいかに正確に対応させるか」[215]であると語っている。

　こうしたことに対処しようという試みも行われている。たとえば、Europeana（ヨーロピアナ）は、「それらコンテンツの『メタデータ』、そして縮小画像や短縮画像等の『プレビュー』のレイヤーのみを集約し、ヨーロピアナ上での検索を

可能としている」[216] とされる。

　しかし、サムネールやダイジェストがあったとしても、ある映像の1コマの静止画、あるいは抜粋によって、映像の全体がもたらす情報を伝えることはできない。それは、文字による情報を文字によって短縮するレジュメやキーワードの設定とは次元の異なる懸隔を生じさせる。多くの場合、サムネールやプレビューがあったとしても、結局は全編を視聴しない限り、なんらかの貴重な情報を見落とす可能性は、文字から文字へという抽象性の高い、いわば象徴としての記号のレベルでの変換、同じ記号同士の変換の場合とは次元が異なる。

　映像をそれとは異なる次元に属する文字で表すに際しては、なんらかの誤差、脱漏、歪曲などが往々にして大規模に生じざるをえないといえる。一方、そうした限界があるにもかかわらず、映像について、その内容を言葉で記述したデータは無数に存在する。結局は、なんらかの文字すなわち言葉によって映像の内容を記述せざるをえないからである。

　内容に関する記述 Content description は、シノプシス、簡単なテレビガイド風の1行の記述、ショットリストなど、さまざまな態様でありうる[217]。これらの情報のうち、本節ではジャンルについて検討する。

　ジャンルとは、著作のカテゴリー群である。似たようなプロット、テーマ、設定、状況、キャラクターによって特徴づけられる。「西部劇」や「スリラー」がジャンルの例である。

　ジャンルは、「観客にとって、（中略）自分が見たい映画を探す方法の一つになる」[218] という点で重要なメタデータである。映画研究者の David Bordwell（デイヴィッド・ボードウェル）と Kristin Thompson（クリスティン・トンプソン）は、ジャンルは、「作品を評価するには適さない」としながらも、「映画作品を記述したり分析したりするときに一番うまく使うことのできるカテゴリー」[219] であると述べている。

　映像コンテンツにおけるジャンルの設定は、さまざまに試みられている。

　たとえば、テレビ番組に関しては、FIAT/IFTA が次のようなジャンルを設定している[220]。

　・DOCUMENTARIES（ドキュメンタリー）

・TOPICAL MAGAZINES AND DISCUSSIONS（トピック・マガジン
　と討論）

・EVENTS（イベント）

・DRAMA AND PERFORMANCES（ドラマと実演）

・ENTERTAINMENT PROGRAMMES（エンターテイメント番組）

・GAME SHOWS AND QUIZZES（ゲーム・ショーとクイズ）

・CHILDRENS PROGRAMMES（子ども向け番組）

・PRESENTATION AND COMMERCIALS（お知らせとコマーシャル）

・EDUCATIONAL PROGRAMMES（教育番組）

・SPORTS（スポーツ）

　このうちトピック・マガジンとは、インタビュー主体のスタジオ番組、旅や娯楽などの情報番組などを指す。また、実演とは演劇、オペラ、バレエ、音楽などの舞台芸術についての番組を指す。お知らせとは放送局による告知番組を指す。

　こうしたジャンルの類別は難しい問題を孕んでいる。

　「ジャンルは定義するよりも判別するほうが簡単」であって、定義することが難しく、「ジャンルの間に正確な境界線を引くことには注意を要する」[221]からである。ボードウェルとトンプソンは、「多くの場合、ジャンルのカテゴリーは複数の基本タイプにまたがっている」[222]とし、その例として、「アニメーション映画『美女と野獣』[223]は同時にミュージカルであるし、日本の漫画映画『AKIRA』[224]はサイエンス・フィクション映画の一つである」[225]と述べている。

　ジャンルの内容そのものが変化することもある。「映画の作り手は慣例や図像に創意工夫を加えることが多いので、ジャンルが長期間にわたって変化しない状態にあることはまずない」[226]からである。

　さらに、「互いに似通っている作品がいくつか登場すると、人々はそれらを比べるように」なり、その結果、新たなジャンルが形成される。さらに、その結果として、「新しい」ジャンルが古い作品にまでさかのぼって適用されることもある[227]。

　ジャンルの揺らぎに対するために、統制された目録を用いる場合もあるが、

こうしたジャンルの変動や過去へ遡っての適用には、すでに記述されたメタデータを修整するという作業が発生することになる。また、こういった統制された目録は、検索の正確性は担保されるものの、映像の内容に関する詳細な記述には限界がある。さらに、その作品が西部劇かサスペンスかを判断する基準は必ずしも明瞭ではなく、一定してもいない。

こうした状況に対しては、インターネット配信を含むウェブ上のメディアにおいては、コンテンツの内容記述がユーザーによるタグ付けによって膨大に生成されることによって、ある程度解決されると考えることも可能であろう。正確性は担保されないが、「サーチエンジンの誇る網羅性が、メタデータ検索システムの精度という誘因を凌駕」[228] するという状況を生じさせるのである。このことについては、第8章において、YouTube を考察する際に改めて触れる。

以上、本章では映像アーカイブにおけるメタデータの問題について主として記述メタデータの観点から述べた。メタデータには権利などの情報を記した管理メタデータも規定できる。管理メタデータへの権利に関する情報の記載は、ほとんどの映像アーカイブにとってきわめて大きな重要性を有する。映像資料に対する国内および国外における権利の管理は、映像資料の利用にあたっての資料の複製のみならずその資料の検索や視聴をも規制するからである[229]。次章では、そのことについて検討する。

〈コラム〉　世界の映像アーカイブ（5）

フランス国立視聴覚研究所 INA（フランス）

　フランス国立視聴覚研究所 INA はパリ市内から車で 1 時間ほどの郊外にある。敷地内には、多くの建物が立ち並び、あたかも総合大学のキャンパスか、あるいは大企業の研究施設であるかのような雰囲気を漂わせている。訪問者用ゲートの近くにあるレセプションの建物から修復や収録などの作業が行われている建物まで行くには、広い敷地を横切って 5 分ほど歩かねばならない。この地で行われているのは、収集、保存、修復、研究などの作業であって、外部の研究者が映像資料の検索と視聴をおこなう施設は、パリ市内のフランス国立図書館フランソワ・ミッテラン館内に設けられた Inathèque（イナテーク）にある。図書館の地下にあるイナテークは、広いフロアに無数の端末が並んでおり、さまざまな検索手段で、INA が収蔵するフランスのテレビ番組を複数のチャンネルにまたがって縦横に検索することができる。また、このフロアには、専門の映像リサーチャーが常駐しており、外部からのリクエストに応じて、調査を行うほか、施設を利用する研究者の質問に対しても答えてくれる。テレビ番組を映像資料として調査し、研究する目的を果たすための理想的な環境が整っているといえる。

第 6 章
映像資料に関わる諸権利

6-1 著作権における映像（映画）の特殊性

　映像アーカイブと著作権の問題は、映像アーカイブの活動が盛んになるにつれ顕在化したと考えられる。ユネスコが 1991 年に発行した Legal Questions Facing Audiovisual Archive（『視聴覚アーカイブが直面する法的問題』）では、すでに 1984 年から映像アーカイブと著作権について研究する必要が提起されていたことが窺える[230]。

　映像メディアの転換においては、前のメディアが次のメディアのコンテンツとなる。転換の初期においては、次のメディアはコンテンツが不足し、前のメディアにコンテンツの供給を仰ぐ。

　日本における映画からテレビへのメディアの転換に際しては、『昭和期放送メディア論』で述べたとおり[231]、日本の映画会社がテレビを脅威とみなして提供禁止の申し合わせがなされた。その結果、コンテンツ不足に陥った日本のテレビには、アメリカ製テレビ映画が流入したことが指摘されている[232]。

　2000 年代中頃から始まったテレビからインターネット配信への転換に際しては、過去のテレビ番組などがコンテンツとして大量に求められるようになった。その結果、映像コンテンツを取り巻く諸権利の課題が他のコンテンツよりも錯綜した困難なものであることが以前よりも多くの人の目に明らかになってきたのである。

　本章では映像資料に関わる諸権利について考察するが、もとより、著作権

などコンテンツに関する諸権利の全貌を扱うことは、本書にはとうていなしえない作業であり、多くの専門書が存在する領域でもある。したがって、本章では、著作権を含む諸権利の問題について、特に映像コンテンツおよび映像アーカイブと関わりが深いものに限定し、かつ、特徴的な事例をいくつか示すことにとどめざるをえない。また、個々の事象については、執筆時とは異なる状況が今後発生しうることを前提とした上で、映像コンテンツと権利関係の問題を典型的に浮かび上がらせると考えられるものを紹介する。なお、著作権法などの法規に関しては、日本の事例を中心とするが、参考としてアメリカなど他国の事例にも言及する。

　日本の著作権法は、著作物を次のように定義している。

　　　思想又は感情を創作的に表現したものであって、文芸、学術、美術又は音楽の
　　　範囲に属するものをいう[233]。

　この定義に挙げられた例の中に、映画作品、テレビ番組、インターネット動画など映像に関する文言は含まれていない。

　日本の著作権法では、映像という語は現れず、影像という語が用いられている。ここでいう影像は、いわゆるイメージというべきもの、静止画としての（動かない）映像に相当するものと考えられる。

　では、（動く）映像に関してはどうか。

　第二条3には、「この法律にいう『映画の著作物』には、映画の効果に類似する視覚的又は視聴覚的効果を生じさせる方法で表現され、かつ、物に固定されている著作物を含むものとする」[234]と記されている。映画そのものは定義されておらず、「映画の著作物」についての定義であるが、この定義からは、著作権法での「映画」は、劇場で公開される映画作品よりも幅広い概念を包含するものと考えられる。

　2019-2020年版の文化庁『著作権法入門』では、「映画の著作物」について、「劇場用映画、アニメ、ビデオ、ゲームソフトの映像部分などの『録画されている動く影像』」と説明を補っている[235]。このことも日本の著作権法でいう

「映画」が映画以外の（録画されている）動く映像を含む概念であることを示すといえる。映像コンテンツのうち、録画されている、すなわち、いわゆる「生」（live）ではないコンテンツを指すととらえることも可能であろう。

　一方、アメリカの著作権法では、その101条で、映画を、次のように定義している。

　　　「映画」とは、一連の映像からなる視聴覚著作物であって、連続して見せることにより動きを伝達するものをいい、音楽を伴うものを含む[236]。

ここでいう「映画」もまた、（動く）映像を一般的に指すとみなすことができる。こちらのほうが範囲は広く、コンテンツとしての「映像」と同義であるともいえる。

　このように、著作権の法規では、映画が、映画以外のビデオなど視聴覚著作物としての「動く」映像を含むと解釈しうるなど、映像コンテンツは、独特の扱いを受けている。日本における著作権法規では、映像が他の著作物に比して特殊な扱いを受けているという点は他にもある。そのことを検証するために、まず、日本における著作権について、その構成を以下の図に示す。

図4　著作権の構成[237]

　図中、著作権という語が3回繰り返して出現することに表されるとおり、「著作権」には最も広義の場合、関連する権利全体を指し、次いで、著作者の権利を指し、最も狭義の場合には著作者の権利のうち、財産権のみを指す。また、実演家等の権利の「等」には、レコード製作者、放送事業者、有線放送事業者

が含まれると考えられるが、これらには「財産権」しか認められておらず、「人格権」は認められていない。

　著作権そのものがこうした複雑な構成を有していることに加え、著作権法は「映画」に関して、特にその「著作者」について、さらに複雑な様相を呈する。

　映画の「著作者」とは、「監督を筆頭とするクリエイティブ・チームの複数名からなる存在」[238] であり、「『プロデューサー』、『監督』、『撮影監督』、『美術監督』など、映画の著作物の『全体的形成に創作的に寄与した者』が著作者」[239] となる。仮に、「個人が自分だけで」プロデューサー、監督、撮影監督などをすべて兼任して「映画の著作物」を創った場合は、むろん、その個人が著作者となり、すべての著作権（著作者の権利）を持つ[240]。一方、映画会社が社員だけで「映画の著作物」を創った場合は、「法人著作」として、映画会社が著作者となり、すべての著作権（著作者の権利）を持つ[241]。この「法人著作」にはいくつかの要件があるが、映画だけに限らず、他の著作物にも適用されうる。

　ところが、「映画会社が、外部の監督等に依頼して『映画の著作物』を創った場合」[242] は、独特の現象が生じる。この場合、著作者の権利のうち「著作権（財産権）」の部分が、「自動的に監督等の著作者から映画会社に移る」[243] のである。このことを、映画の著作権は参加契約（製作に参加することの約束）によって映画製作者に帰属[244]するともいう。ただし、移るのは財産権のみであって、著作者人格権は、監督等の著作者に残ることに注意する必要がある。

　このことは、映画が唯一の映像メディアであった時代には、映画を創るには、通常、大規模な資本と設備を必要とし、また、その配給も大規模な資本と組織を必要としたことによるといえよう。加藤は、「近年は映像技術・配信技術の発達により、個人が『映画』を製作し公表することも可能であるが、（中略）日本の場合、（中略）1930 年代から 1970 年代中頃まで、製作・配給・興行を一社内で一貫して行う数社の大手映画会社が日本国内市場を寡占していた」[245] と述べている。著作権における映画の特殊な位置づけには、映画作品が大規模な産業資本を必要とするコンテンツだったことが、はからずも反映されているとも考えられる。

　なお、アメリカにおいても、作品が雇用関係のもとで制作された場合には、

著作権は雇用する側に帰属する。したがって、映画やテレビ番組の場合、著作権は制作に参加した個々人ではなく、企業としての映画会社やテレビ局に帰属する[246]とされる。

　一方、日本においては、未編集フィルムの著作権は監督が有するという判例がある[247]。著作権の解釈では、完成版と未編集フィルムは別個にとらえられているといえる。なお、ここでいう未編集フィルムとは、完成版と対比されていることから、アウトテイクスを含むものと考えられる。映像アーカイブにおける映像資料の存在形態を考察する際に検討した、文書館、図書館、博物館との関係においては、完成版とアウトテイクスとの併存は、映像アーカイブの特性を際立たせる論点だった。著作権においても、完成版と未編集フィルム（アウトテイクス）は異質のものとして併存しているといえる。

6-2　映像メディアの3階層と著作権

　映画の誕生は1895年、フランスのリュミエール兄弟が開発したシネマトグラフという装置を用い、有料で上映した時とされている。しかし、動く映像を開発し産業化した人物は、それより前にもいたことは『映像メディア論』でも述べた。アメリカの発明王エジソンである。エジソンが開発したキネトスコープという装置は人気を博し、キネトスコープ・パーラーという専門の店も現れたが、リュミエールのシネマトグラフが登場すると、急速に人気を失い、市場から去った。

　このエジソンのキネトスコープには、もう一つ先んじたことがあった。映画史の研究者Dalton（ダルトン）によれば、1893年にアメリカ議会図書館に著作権の申請をし、これがアメリカで著作権登録をされた最初の映画となったという。この時登録されたタイトルは、Edison Kinetoscopic Records だった。ただし、このフィルムは失われてしまい、複製の存在は確認されていない。また、それがどのような内容の映像だったのかもわかっていない[248]という。その他のキネトスコープのうち、いくつかは現存している。その中に『フレッド・オットのくしゃみ』[249]として知られる1894年の映像がある。この映像は

エジソンの助手フレッド・オットがくしゃみをする瞬間をとらえた短い映像であり、アメリカで最も古い著作権映像として知られている[250]。当時、アメリカの著作権法は、映画を対象としていなかったため、これらの映像は、フィルムを紙に焼き付けて、いわゆる紙焼き写真として提出された。この紙焼きはペーパー・プリントと呼ばれ、現在では、フィルムに再撮影されて保存されており、黎明期の映画を後世に伝える貴重な資料となっている。著作権登録のための便法が期せずして映画の保存をもたらしたことになる。

　エジソンはいち早く申請をすることによって権利を確保したわけであるが、当時、アメリカだけでなく、ヨーロッでも著作権に対する意識は高まっていた。著作権に関する国際条約であるベルヌ条約が制定されたのは 1886 年であり、フランスで映画が誕生する 10 年足らず前のことである。映像メディアの歴史は著作権保護の歴史と共にあることになる。

　なお、日本の著作権法の解釈では、「公衆」とは、相手が「一人」であっても、「誰でも対象となる」ような場合は、公衆向けになるとされている。そして、次のような例が示されている。

　　　例えば、「上映」についていうと、一人しか入れない電話ボックス程度の大きさの箱の中でビデオを上映している場合、「1 回に入れるのは一人だが、順番を待って 100 円払えば誰でも入れる」というときは、「公衆向けに上映した」ことになります[251]。

エジソンのキネトスコープは、大きな箱に開けられた穴を覗き込んで、箱の中で映し出されている映像を観るという仕掛けだった。1 回に観ることができるのは、一人だけである。キネトスコープが並べられたパーラーでは、料金をとって観覧させていた。これは、いうまでもなく、上記引用例と同じ形式である。

　キネトスコープが登場したのは、リュミエールのシネマトグラフより早かった。しかし、キネトスコープが 1 回に一人しか観ることができなかったのに対し、シネマトグラフは大勢に同時に見せることができる点が異なっていた。映画の誕生の時は、リュミエールがシネマトグラフを用いて、料金をとって、多数の観客の前で上映した時とされている。両者の違いは、機材の機動性やその

ことに起因する撮影対象の違いを捨象すれは、上映に際して観客が一人か多数かということが主である。もし、上記引用のように、観客が一人であっても多数であっても違いがないとすれば、映画の誕生の時は、シネマトグラフの上映の時ではなく、エジソンのキネトスコープ・パーラー開設の時にまで繰り上がることになる。日本における著作権での公衆についての解釈によれば、メディアとしての映画の歴史は異なる起点を設定しうることになるともいえる。

　映像メディアが、映画からテレビへ、そしてインターネット配信へと転換し、その結果、3階層を形成していることは、『映像メディア論』で述べた。それぞれの特性についての図式を読者の便のため改めて掲げる。

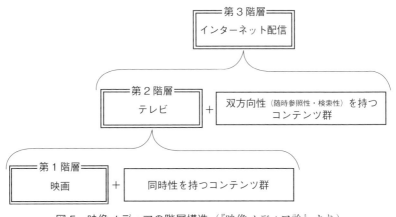

図5　映像メディアの階層構造（『映像メディア論』より）

　図に示したように、映画に同時性を有するコンテンツ群を加えたメディアがテレビ、そして、テレビに双方向性を有するコンテンツ群を加えたメディアがインターネット配信である。これらの特性と重層性は、映像資料と著作権の関係にも反映される。

　テレビについては、日本の著作権法では、放送としてとらえられている。すなわち、第二条八で「（放送とは）公衆送信のうち、公衆によつて同一の内容の送信が同時に受信されることを目的として行う無線通信の送信をいう」とされている。

　放送される番組は、いわゆる生放送のものと、いったんビデオテープなどの素材に録画されて固定されたものとで扱いが異なる。後者は「映画の著作物」、前者は「固定」がないので、「映画の著作物」とは似て非なるもの[252]とされる。

　テレビ番組は初期には生放送が前提だった。ビデオ録画装置が高価で普及していなかったため、画面をフィルムで再撮影するなどの特殊な手段を除けば、「固定」する方法がなかったのである。テレビが映画とは別個のものとして位置づけられるのはそのことを反映しているといえる。また、この観点からすれば、映画は、何かを伝えるためのメディアとしてではなく、作品すなわちコンテンツとしてとらえられ、テレビは、個々の番組すなわちコンテンツよりも放送というメディアとしてとらえられたともいえるだろう。

　ところが、その後、高価ではあるが、徐々にビデオ録画装置が配備されたことにより、テレビ番組も「固定」が可能となった。その当初の主な目的は、番組の再放送だったと考えられる。放送には再び放送で用いるための著作物の一時的固定が認められることとなったのである。そこで、この場合は、固定されていても映画の著作物にあたらないとされた[253]。ただし、日本の著作権法では、録音・録画したものは、政令で定める公的な記録保存所で保存を行う場合を除き、6か月を超えて保存できない[254]。『映像メディア論』では、テレビの本質は編成にあると述べた。再放送とはすぐれて編成の営為である。したがって、放送の一時的固定という規定も、映画とテレビの映像メディアとしての相違が反映された表現と捉えることができるだろう。

　映画とテレビの相違は、日本の著作権法においては、実演家の許諾権である録音権・録画権にも現れている。映画の著作物に関しては、いったん実演家が了解した場合には、原則として、その実演を二次利用する（たとえばDVDを制作したり、インターネットで配信したりする）際に改めて実演家の了解を得る必要は無いとされる[255]。一方、テレビ（ラジオを含む放送事業者が制作した放送番組）の場合は二次利用に際して改めて実演家の了解を得る必要がある。これは、放送のために録音・録画をする場合には、放送についての了解さえ得ておけば、「録音・録画についての了解を得なくてもその実演を固定（録音・録画）することができるという特別の規定が存在する」[256]からである。

このことにも、テレビがメディアとして登場した当初は、その番組について、インターネット配信はもちろんビデオやDVDへの二次利用が生じるとは考えられなかったことが反映しているといえよう。テレビの本質は同時性にあって、「固定」（録画）することはあくまで再放送のためであったことを示すともいえる。

　このことは、後に、日本でテレビからインターネット配信への映像メディアの転換が生じた時に大きな問題となった。既存のテレビ番組をインターネットで配信しようとした時に、権利の許諾を取り直さなくてはならなかったからである。その結果、膨大な費用と手間が生じることになった。また、古い番組では、権利者の所在がわからない、あるいは、権利者に関する情報すら残っていないということもあった。

　なお、アメリカの著作権法においても、112条で「放送のための一時的固定」が規定され、「放送局は、特定の送信番組の複製物を1部作成し最初の送信から6ヶ月間に限り保有することができる」112条（a）（1）[257]とされる。

　映画からテレビへのメディアの転換は、もう一つ、著作者人格権においても特徴的な現象を生じさせた。納品後の映画の著作権（財産権）は制作者に移転するが、監督は依然として著作者であり、著作者人格権を有している。著作者人格権には、同一性保持権という勝手に改変することを認めない権利がある。したがって、完成後の著作物を改変するには、著作者人格権を有する著作者にも許諾を得なければならないことになる。著作者人格権は、著作権（財産権）と異なって譲渡できない。なお、付言すれば、日本では法人も著作者人格権を有する。また、2002年には、実演家にも人格権が認められた。ただし、実演家の人格権は、著作者人格権の公表権を除く、氏名表示権と実演の同一性保持権である[258]。

　前述のとおり、メディアの転換においては、前のメディアは次のメディアに包含されて、次のメディアのコンテンツとなる。映画からテレビへの転換においても、この経験則に即して映画がテレビのコンテンツとして放映されることになった。

　この時、アスペクトレシオの違いから、映画がテレビの画面に収まり切れ

ないという現象が生じたことは、メタデータの章で述べた。当時のテレビは受像機そのものが小さく画面も小さかったことから、画面の両端をカットするトリミングが行われることとなった。このことは同一性保持権に抵触すると疑われた[259]。また、商業放送ではコマーシャルの挿入によって、映画が寸断されることにも同一性保持権の侵害が疑われた[260]。

　このことに関して、媒体特性にあわせたやむをえない改変（テレビ画面に合わせたトリミング等）は著作者人格権を侵害したとまではいえないとされている。ただし、構成の変更、編集のし直し、撮り直しは内容の改変であり映画製作者と監督両者の許諾が必要とされる[261]。実態としては、1960年代前半、すなわち、映画からテレビへの転換が劇的に進行していた当時には、旧作映画のテレビ放映におけるカット、トリミングについては監督の了解を得、カットはチーフ助監督など監督の信頼する者が意を体して行うことでおおむね了解されていたと伝えられる[262]。

　次に、現在進行中でもあるテレビからインターネット配信の転換に関してはどうか。日本の著作権法には通信という語句はない。放送法と著作権法では「放送」の概念が異なっており、放送法では「放送」は「『不特定の人』向けの同時無線送信」であるのに対し、著作権法では「『不特定の人』又は『特定多数の人』向けの同時無線送信」[263]とされる。そして、後者のうち、「特定多数」向けの場合が「放送法」の「通信」にあたる[264]という。映像メディアに関しては、テレビとインターネット配信はいずれも公衆送信権の範疇となる。そして、この公衆送信権のうち、テレビ、ラジオなどの「放送」や「有線放送」は、「著作物が、常に受信者の手元まで送信されているような送信形態」[265]であり、インターネットなどを通じた「自動公衆送信」は、「受信者がアクセスした（選択した）著作物だけが、手元に送信されるような送信形態」[266]をいう。ここには著作権法としての定義によって、インターネット配信が受け手の側から情報を取りにいくという意味での双方向性（随時参照性、検索性）を有していることを表しているといえよう。また、「（選択した）著作物だけが」という表現には、期せずして、インターネットへの転換の特徴の一つである「送り手から受け手への編集権（選択権）の移行」[267]が示されているともいえよ

う。なお、著作権法では、インターネットの普及に対応して、送信可能化[268]権という権利が付加されたことも、新たなメディアへの転換の反映といえる。

このように映像メディアおよび映像コンテンツに関して、著作権法の定義が入り組んだ構造となっていることは、映画からテレビへ、そして、インターネット配信へというように映像メディアおよび映像コンテンツが重畳し拡大してきたこと、すなわち映像メディアの転換過程と、その結果としての重層性を反映しているとみなすこともできるだろう。

2000年代以降進展するインターネット配信の普及は、映像メディアと著作権を始めとした諸権利に関わる構造的な問題をより鮮明に浮かびあがらせることとなった。その構造的問題とは、映像資料として活用しようとする際の映像コンテンツにおける諸権利が、他のメディアのコンテンツに比べて甚だしく輻輳していることである。

次節では、その輻輳の様相について検討する。

6-3　映像資料における諸権利の輻輳

映像資料には、その資料の時間的長さや内容に関わりなく、一見、単純な構成によるものであっても、さまざまな権利が、立体的な迷路のように輻輳している。その輻輳の要因を、あえて単純化すれば、著作権と著作権以外の諸権利が入り乱れて存在することにあるといえる。以下、それぞれについて述べる。

まず、著作権について。

映像コンテンツは、映像、音声（音楽）、演技、テクスト（台本）、原作、撮影対象物など、複数の手段により、簡単には切り離せないように構成されている。著作権法の解釈では、このことを「原作、脚本、映画音楽など、映画（注：著作権法でいう映画）の中に『部品』などとして取り込まれている」[269]という。これら「部品」の著作者は、全体としての「映画」の著作者ではない。したがって、「映画をコピーするときには、これらの『部品』なども同時にコピーされるため、これらの人々の了解も得ることが必要」[270]とされる。このことは、著作権の内部にさらに別の著作権が存在する「入れ子」構造の存在を示すといえよう。

　日本の著作権法には、原著作物と二次的著作物[271]が規定されており、原作や脚本があれば、それらは原著作物であり、劇映画は脚本等を映画化（翻案）した二次的著作物[272]となる。なお、フランスやイタリアのように脚本家を映画の著作者として取り扱っている国もあるという[273]。

　次に著作権以外の諸権利について。

　映像資料を用いて制作される映像コンテンツに関わる権利は著作権だけではない。次の図に、映像コンテンツに関連する主な権利を示す。

　図から明らかなように、著作権（図の薄墨部分、前掲図4と同じ）は、実

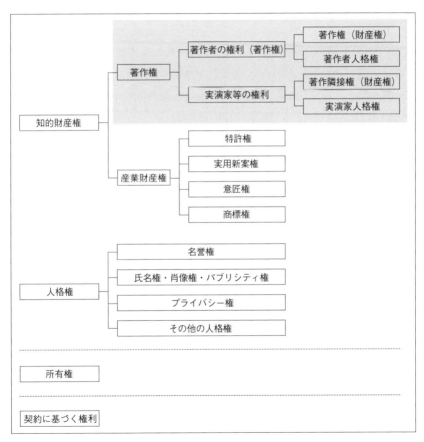

図6　映像コンテンツに関わる主な権利

は、産業財産権と並んで、知的財産権というより高次のカテゴリーの一部をなすにすぎない。この産業財産権には特許権、実用新案権、意匠権、商標権がある。また、知的財産権以外の領域において、名誉権、肖像権、パブリシティ権などの、いわゆる人格権がある。さらに、その資料の所有権およびその資料を利用するにあたって結んだ契約に基づく権利も生じうる。このことは、著作権の外側を著作権以外のさまざまな権利が取り巻く多重構造の存在を示すといえよう。

　商標権については、商標や商品名が画面に写り込んでいる場合、日本では商標の使用にあたらないとされる。ただし、商品名やサービスマークの使用が役務の提供となんらかの結びつきがあると誤解されるような場合は、「不正競争防止法上、『混同』の概念に抵触することの配慮が必要」[274] になる。一方、アメリカでは、フィクションにおいて偶然ではなく意図的に有名な雑誌や新聞などの模造品を作成して映像に収めていた場合、深刻な商標権侵害となりうるという [275]。また、タイトル（題名）には著作権は無いとされていても商標権がある場合も考えられる [276]。アメリカのジャーナリスト、エド・マローの 1950 年代における活動を描いた劇映画『グッドナイト＆グッドラック』では、当時の放送局 CBS のスタジオセットが再現された。そのモニターに映る映像は実際の放送時の映像が使われ、コマーシャルも同様である。そして、スタジオ内のテレビカメラに記された CBS のロゴも利用の許諾を得たという [277]。

　建築についてはどうか。日本の著作権法では「『屋外』にある美術品・建造物は、原則として自由に利用できる」[278] といわれる。アメリカでも、「建築著作物に対する著作権は、当該建築物が公共の場所に所在しまたは公衆の目に通常触れる場合には、当該著作物の影像、絵画、写真その他の画像表現物の作成・頒布・展示には及ばない　120 条（a)」[279] とされる。一方、建築は芸術でもあり、特に海外では、建物が商標登録されている、あるいは、なんらかの権利を有している場合がある。たとえば、エッフェル塔 Eiffel Tower の照明のデザインは権利がある [280] という。

　こうした知的財産権に関する事項に加え、映像資料に大きく関わるのが、肖像権、パブリシティ権などの諸権利である。こうした権利は総称して人格権

と呼ばれる。『人格権法概説』は、「人格権法の発達の歴史において、20 世紀後半は最も注目に值する時代として位置づけられるであろう。この時期に、各国において、人格権の保護が著しく強化された」[281] としている。その理由は、「その前の時期が人権の無視された時代であったこと」の反省によると共に、「この時期にマスコミや近代的技術の発展により、人格権の侵害が著しく容易になり、しかも被害が拡大されたこと」[282] にもよるという。後者の理由には、映像メディアなかんずくテレビの登場と爆発的な普及が大きく関与すると考えられるだろう。映像が原理的には静止画の連続であり、実写映像の場合はその静止画は写真に等しいものであることから、個人が撮影された場合、肖像権、パブリシティ権などを侵害する可能性が発生することになる。それが、テレビの場合はその伝播する内容が「かつてハリウッドが一週間かかって到達したよりも広範な世界視聴者にわずか一日で到達する」[283] ために「被害の拡大」へとつながったと考えられるからである。

　肖像権は個人の人格に由来し、「映画の著作権保護期間とは関係ない」とされ、「その使用が適法かどうかだけが問題となる」[284] といわれる。「肖像権の問題は未解決の部分が多く、またプライバシー侵害の問題もあるので注意が必要」[285] とされる。「無断で特定の個人を撮影し、揶揄的に報道」することは「肖像権の侵害」、進んでは、「名誉棄損」[286] になりかねないという考え方もある。あるいは、ロケ時の映像に、偶然、一般人が写り込んだ場合、肖像権の侵害になるかについても論議がある[287]。映像アーカイブが収蔵する資料との関連においては過去のニュース映像が俎上に載る。過去のニュース映像に写っている人物の許諾が必要かどうかは、肖像権の問題であり、「理論上未解決」ではあるが、「プライバシーに触れない限り、承諾は不要」[288] という見解もある。肖像権やプライバシー権といった人格権と、表現の自由とのバランスは常に難しい問題を孕んでいる。

　こうした「写り込み」が著作権や他のさまざまな権利を侵害する可能性を発生させることは、実際の光景を写し撮るという、実写映像ならではの特性を改めて浮き彫りにするものともいえよう。

　これらのことと同時に、映像コンテンツには、その特性が他のコンテンツに

はみられない権利侵害に関わりうる可能性がある。映像コンテンツは、編集（広義のモンタージュ）によって、空間と時間を擬似的に超越することができる。異なった場所で、あるいは、異なった時点に起きた出来事の映像をつなぎ合わせて、あたかも同じ場所で、あるいは、同じ時点で起きた出来事であるかのように編集することが可能である。したがって、ある人物がある会合に参加しているところを撮影し、その映像を他の会合に参加したかのように編集することも可能である。スポーツの試合を見て叫んでいる人の顔を写した映像を、政治集会で演説している人の映像につなぐと、あたかも、その人が政治集会に参加し演説に熱狂しているかのようにみえる。こうした編集によって、関係が無い人を他の誰かと関係があるかのようにみせてしまうことができる[289]。意図的である場合はもちろん、偶然そうした編集がなされた場合でも、権利侵害となる場合もあることに注意する必要がある。

　以上、本章では、映像資料およびその映像資料を用いて制作される映像コンテンツに関する諸権利について検討し、考察してきた。著作権に関しては、世界各国で制度に違いがあり、著作者人格権、著作隣接権といった概念も一様ではない。著作権のみならず映像資料に関連する法規は、世界の各国において異なっている[290]。新たに映像コンテンツの国際共同制作が行われたり、既存のコンテンツの国際展開が行われたりする場合には、各国のさまざまな関係先について調査や交渉が必要となる[291]。国際的な条約が締結されている場合であっても、個別に対応することが必要になる。さらに、国ごとに独自の関連法規や慣習がある。「外国の著作物等については、（中略）各国で保護期間が異なる場合の『相互主義』や『戦時加算』などのルールがあるため、個々のケースごとに専門家に相談した方がよい」[292]といわれる。

　著作権については、「特に絶対的回答は出にくいジャンル」[293]とされる一方、「『著作権問題』と呼ばれているものの大部分は、実は『著作権法問題』ではなく、『著作権契約問題』であり、要するに、『当事者同士が最初から明確な契約・約束をしていれば防げた問題』」[294]という指摘がある。また、本章で検討した諸権利の他に、その資料の物理的媒体の所有者や保管者なども、中間的な媒介者または提供者として、別途、権利を主張し、交渉と契約が求められる場合が

ある。日本では、「契約は原則として合意のみによって成立し、契約書の作成
を必要としない」が、アメリカでは、「コモン・ローの詐欺防止法（statute of
frauds）として、原則として契約の成立には書面の作成を必要とする」[295] と
される。

　一方、デジタル化の進展とインターネットの普及に伴うインターネット配
信の急速な発展は、日々、新たな現象を生起しており、関連する法規や慣習が
新たな事態に追随できない現象を生じさせている。「著作権法は毎年のように
改正されて」[296] いるのが現状であり、「あまりに急速に変貌する情報社会に対
して、法律の改正は常に周回遅れを余儀なくされてきたのがゼロ年代以降の状
況」[297] であるといわれる。また、「社会が急速に変化しているときには、著作
権法に限らずあらゆる法律は常に『時代遅れ』になっている」[298] という見方
もある。

　このように、映像資料の利用にあたっては、諸権利の許諾に関する実践的な
知識が求められる[299] といえる。また、メタデータについても、前章で考察し
たとおり、映像に関しては他の資料とは異なった特性を有する。こうした状況
において、映像資料を活用した映像コンテンツを制作しようとする場合、専門
的な知識と技術に基づいて調査と交渉にあたる、映像リサーチャーが参加する
ことがある[300]。次章では、映像アーカイブを活用する際の映像リサーチャー
の機能について考察する。

〈コラム〉　世界の映像アーカイブ（6）

シネマテーク・フランセーズ（フランス・パリ）

　アリン・ラングロワの情熱によって開設され、多くの映画人を育んだシ
ネマテーク・フランセーズは紆余曲折の後、2005年に現在の地に移ってき
た。残念ながら、ゴダールやトリュフォーが通った場所ではないが、建築
家のフランク・ゲーリー設計による旧アメリカンセンター跡の建物は、独
創的な雰囲気を漂わせている。シネマテークの名にふさわしく、館内には
映画を上映するホールがある。また、イタリア国立映画博物館に比べれば
規模は大きくないが、建物の中に博物館があり、映画『メトロポリス』の
アンドロイドなど、人によってはそれだけを観るために行く価値があると
いえるコレクションを展示している。さらに、映画関連資料のライブラ
リーもあり、映画研究のために訪れる人も多い。建物の周囲はセーヌ川の
ほとりにある公園になっており、シモーヌ・ド・ボーヴォワールと名付け
られた歩行者専用の橋を渡って、イナテークがある国立図書館フランソワ・
ミッテラン館へと行くことができる。セーヌを挟んで、映画とテレビそれ
ぞれを研究するための施設が居並んでいるのは、フランスならではの光景
といえるだろう。

第7章
映像リサーチャーの機能

7-1　映像資料の探索と映像リサーチャー

　20世紀半ばに生じた映画からテレビへの映像メディアの転換は、テレビというメディアに映画というコンテンツの供給を生じさせたことは前述したとおりである。その後、テレビ番組というコンテンツの中にも映像資料を活用した作品がつくられるようになった。

　映像アーカイブの映像資料を用いる映像コンテンツの制作は、欧米では、1970年代から1980年代にかけてしだいに盛んになった[301]とされる。その結果、映像資料に関わる人材の重要性が改めて認識されることになったと考えられる。1990年には、The Association of Moving Image Archivists: AMIA（動的アーキビスト協会）が国際的な組織として結成された[302]。この協会には、さまざまな立場の人が参加可能とされる。その中には、アーキビストだけでなく映像リサーチャーも含まれていると想定される。また、アーキビストとリサーチャーの能力を兼ね備えた人や、アーキビストとしての経験を積んだのち、映像リサーチャーとなった人も含まれていると想定される。

　同じ1990年に、ユネスコがCurriculum development for the training of personnel in moving image and recorded sound archives（『動的映像と音声録音アーカイブにおける人材養成のためのカリキュラム開発』）[303]を発行したことも、映像資料に関わる人材への国際的な関心の高まりを反映したものといえよう。石原は、映画の保存に関してではあるが、欧米では「九〇年代後

半、専門職養成が大学院レベルではじまり、卒業生が現役の映像アーキビストとして職場に入り込むことによって、映画保存の理念がいよいよ実践段階に移った」[304)]と述べている。

映像コンテンツには、クレジットタイトル（または、エンドロール）において、制作に関わった人びとの名前が列挙されることが多い。そこには、そのコンテンツにおける映像資料の利用に関与した人びとの名前と役割も登場する。プロデューサーや脚本家以外に、映像アーキビストやリサーチャーの名前もあがる。日本の NHK とアメリカの ABC が共同取材したテレビ番組『映像の世紀』[305)]でも、多くの映像リサーチャーの名が示されている。

筆者が制作に参加した 2003 年の番組『カラー映像記録　昭和の戦争と平和』[306)]は、後からの加工による着色ではなく、あくまで実際にカラー・フィルムを用いて撮影された「本物」のカラー映像によって、第二次世界大戦前後の日本を描くドキュメンタリーだった。このプロジェクトに参加した高名な映像リサーチャー Adrian Wood（エイドリアン・ウッド）は、幻の作品といわれていた映画『千人針』[307)]をモスクワの映像アーカイブで発見した。この映像は、現存する日本最古のカラー劇映画としての価値を有する上に、当時の人びとの姿を伝える貴重な映像として番組内で紹介されている。

一般のリサーチャーは、映像資料の調査を含む一般的な取材や下調べを担当するが、映像リサーチャーは、映像資料のリサーチと利用のための交渉を専門に行う。

映像リサーチャーが担務する典型的な仕事として、たとえば、アメリカの国立公文書館（NARA）におけるリサーチが挙げられる。アメリカでは、戦争に関する映像のほとんどは NARA に収蔵されている。ただし、それらの収蔵の体系は複雑である。映像に関する限り、第一次世界大戦については陸軍通信部隊が戦争のようすを記録する任を負っていた。第二次世界大戦以降については、記録者と記録対象が入り組んでおり、陸軍は第二次世界大戦、朝鮮戦争、ベトナム戦争およびそれ以後、海軍は 1930 年代から 40 年代にかけて、海兵隊は主として 1943 年以降を映像として記録しているという。したがって、戦争に関して任意の年の任意の戦役について映像を探す場合は、（それが陸海空

に海兵隊も参加した大規模な作戦である場合は特に）レコード・グループを横断して検索することが必要になる。アメリカ国立公文書館（NARA）には、NARA の複雑なレコード・グループの仕組みを熟知し、専門的に NARA におけるリサーチを行う職業的リサーチャーの（NARA が公認していることを保証するものではないが）リストがある。その中には映像リサーチを専門とする人たちもいる[308]。

　アメリカでは、映像コンテンツの制作者が、ロケや収録に先立ち、映像リサーチャーにコンテンツの概要（アウトライン）や構成台本（トリートメント）を送って意見を求める場合もある[309]という。映像リサーチャーがプロジェクトの全体像を理解した上で、そのコンテンツに占める映像資料の割合、主題に対する映像資料の重要度を推し量ることができる。その結果、効率的かつ実りの多い調査結果が得られることになるからである。

　モスクワ在住の映像リサーチャー、Alexander Kandaurov（アレクサンダー・カンダウロフ）は、第二次世界大戦におけるナチス・ドイツのソ連侵攻に関する映像の例を挙げている。その場合、その映像が使われる意図が、侵攻初期におけるドイツ軍の圧倒的勝利に重点が置かれているのか、それとも侵攻されたロシアの市民や農民の側の惨劇に重点が置かれているのかによって、探す映像は大きく異なることになる。カンダウロフは、自分が単なるリサーチャーではなく、制作者の側の視点にたって仕事をするという[310]。

　映像コンテンツの制作において映像資料を利用しようという場合の業務フローは、おおむね、次のような三つの段階を経ると考えられる。

　①　映像そのものを見つける。

　②　その映像の所有者および権利者を見つける。

　③　その映像の所有者および権利者と提供や許諾の交渉をし、契約する。

　この三つの業務は必ずしも時間差をもって行われるとは限らず、映像を見つけると同時にその所在および権利者が判明し、ただちに交渉に入る場合もある。大規模な映像アーカイブのウェブサイトで映像を見つけた場合は、その映像のメタデータとして権利に関する情報が記載されていると期待できる。また、許諾や入手の条件や方法もサイト内のどこかに記載されているか、問い合

わせに対応できる体制となっていると期待できる。

　第1段階の映像そのものを見つける行為は、そもそもそういう映像が存在するかどうかわからずに探索することであり、必ずしもメタデータの言語的記述のみで映像を発見できるとは限らない。一方、その映像をどこかで見て存在することは知っている、あるいは何かの映像コンテンツで実際に使われていることを確認しているものの、その映像（のオリジナル）がどこに保管されている（誰が所有している）かがわからないという場合もある。

　後者の場合も含めて、第2段階として、その映像の所有者を探すことになる。また、映像の（現在の）所有者が判明し、映像そのもの（のオリジナル）は入手できるとしても、その映像の権利関係および権利者がわからないという場合もある。映像資料特有の権利の輻輳がこの作業の困難度を高くしている。

　さらに第3段階として、それぞれの所有者や権利者と交渉を行い、利用の許諾や映像の提供を受けるために、映像の所有者や権利者と条件の交渉を行うことになる。この時、複雑な条件を勘案する精緻な交渉が必要となる。著作権が「権利の束」（Bumdle of rights）であって、多くの場合、金銭交渉が伴う許諾条件には無数の選択肢が存在しうるからである。また、著作権（財産権）、著作者人格権、著作隣接権以外の知的財産権、その他の肖像権やプライバシー権についても許諾を得るための交渉が発生する可能性がある。

　このように、実際に映像アーカイブにアクセスして、映像資料を利用するための業務には、高度の専門性と柔軟な対応力が求められる。

　「アーカイブの最初のステップは登録システムの作成である」[311]といわれる。それと同様のことは映像アーカイブのみならず、映像資料を利用したコンテンツの制作においても推奨される。調査を進める前に、当該映像コンテンツ用のデータベースを構築するのである[312]。日本では、前述した『映像の世紀』のプロジェクトが大規模な映像資料データベース構築の嚆矢と考えられる。このデータベースは、映像アーキビストまたはリサーチャーによって管理され、映像資料のリサーチ、ビューイング・コピー（試写用テープまたはファイル）の入手、マスター（この場合は高画質の複製を意味する）の入手と返却、コンテンツへの実装（使用）、権利処理、映像アーカイブへの使用報告と権料の支払

いといったさまざまな工程において、逐次、情報が入力される。このデータベースは映像コンテンツの複雑な制作過程、特に編集段階において、度重なるトライアル・アンド・エラーが生じ、構成が変化していく時、決定的に有用な存在となる。

　準備を整えた上で、必要とする映像資料が、どの映像アーカイブにどのような態様で所蔵されているか調査を始めることになる。検索システムは、たとえば図書館における OPAC のようには、特に統一されているわけではなく、アーカイブによって、さまざまである[313]。極端な場合には、なんらシステムが存在せず、担当者の脳内にのみ映像資料の詳細が記憶されているとか、きわめて簡単なカード方式やファイル方式あるいはマイクロフィルムによる検索システムしか備えていないということもある。一方、最先端のコンピュータによる検索システムを構築しているアーカイブもある。

　インターネットの普及に伴い、オンラインで検索できる映像アーカイブも増えている。しかしながら、現状で、すべての所蔵資料を完全にオンライン検索できる体制になっている大規模アーカイブは多くないともいわれる[314]。

　また、オンラインであろうとカードやファイルであろうと、メタデータの章で述べたとおり、その記述は映像の一部分しか表現できない。結局は、映像アーカイブにコンタクトをとり、ビューイング・コピーを入手するか、それができない場合は、実際に訪問して、映像の内容を確認することが必要となる[315]。

　なお、検索にあたって注意すべきことは、ある日時に起きた歴史的事象の映像資料が映像アーカイブに存在し、かつ、その映像資料のメタデータが書誌情報として正確であっても、コンピュータあるいはカードその他どのような検索方法を用いても捜し当てられない場合があることである。そこには、映像資料ならではの特殊性がある。

　一つは、撮影日時の遅延である。実写による映像は、偶然被写体が写り込んだ場合を除き、ある事象が生起してからでなければ記録しえない。特に、監視カメラや車載カメラなど24時間記録し続けるデバイスが存在しなかった時代ほど、発生の瞬間をとらえることの不可能性は高まる。したがって、ある事象が発生した日時よりも1日後が撮影日として記録されることも生じうる[316]。

　もう一つは、映画でもテレビでも、映像は編集してまとめられた後、上映あるいは放送されることによる。その際、撮影日時は記録されず、上映日あるいは放送日時が書誌事項として記録される可能性がある。したがって、ある特定された日時の映像資料を見つけようとする時は、念のため、その日時より後の日時がメタデータとして記録されている映像も内容を確認してみることが推奨される。また、その映像のアウトテイクスや未編集素材も存在していないか確認することが望ましい。

　映像資料の調査においては、このように稀な映像を発掘するために粘り強い調査が行われる一方、人口に膾炙した有名な事件や事故の映像に関しては、商用サイトを利用することも行われる。すでに著作権などの権利処理を済ませ、コンテンツへの利用が可能となった映像を収蔵している営利目的の映像アーカイブ（ストック・フッテージ・ハウスなどと呼ばれる）から映像資料（の利用権）を購入するのである。

　このようにして、さまざまな手段で、目的の映像資料を検索し、カタログあるいはオンラインデータベースでそれらしき映像を発見したとしても、さらに課題がある。そのアーカイブが所蔵する映像をアーカイブが利用可能な状態としているか、あるいは単に保存しているだけ（で貸し出しはしない）かどうかを確認しなければならないのである。ここには保存と利用のどちらを優先するかという問題が介在している。映像アーキビストであっても、利用を重視したラングロワと保存を最優先したリンドグレンは対照的であるといわれるが、保存と利用に関して、映像リサーチャーと映像アーキビストは、より鮮明に立場を異にし、前者は利用を、後者は保存を優先しようとする傾向があるといえる。著名な映像リサーチャーである David Thaxton（デヴィッド・サクストン）ですら、「自分がアメリカ映画協会のアーキビストだった時は、自分の関心事は常に、まず保存することであり、資料へのアクセスは二の次」だったと語っている[317]。

　しかし、立場の違いがあるとはいえ、映像アーキビストの力は、映像資料のリサーチにあたって、きわめて大きなものとなる。ロシアの映像リサーチャー、カンダウロフは、クラスノゴルスクにある映像アーカイブで調査をす

る時には、アーキビストの協力が欠かせないことを指摘している[318]。

　結局は、映像リサーチャーと映像アーキビストの間に信頼関係が築かれ、互いの仕事と能力を尊重しあえるような間柄であることが重要だということになる。

　以上、本節では、映像リサーチャーの機能を介した映像資料の探索について考察した。ある映像資料をコンテンツの中で活用しようとする時、次に課題となるのが、利用に関して権利者からの許諾を得ることである。次節では、この許諾に関する交渉の実務と許諾の諸形態について詳述する。

7-2　映像資料の利用と許諾交渉の諸相

　コンテンツの権利者と交渉して利用の許諾を得ることは、英語では、Clearances（クリアランス）と呼ばれる[319]。日本では、利用のための手続きについて「権利処理ないしクリアランスなどと」[320] 呼ばれることもある。この「許諾」とは、「権利者の了解を得る」こととされ、「文書を交わす場合も口頭の場合も、また、利用の対価を支払う場合も無料の場合も、権利者と利用者が『契約する』ということ」[321] を示す。

　映像資料を利用したコンテンツを制作しようとした場合、権利の許諾にあたっては、さまざまな問題に直面する。多くの場合、許諾の条件について契約を取り交わすことになり、その過程でさまざまな交渉が必要となる。こうした場合、利用しようとする映像の権料や使用料が高額であって予算を圧迫するというような問題が発生する。

　交渉すべき相手である権利者が不明である場合は困難の度合いがさらに高まる。

　また、権利者が見つかったとしても、過去の映像を利用しようとする場合、その映像におけるパフォーマンスの内容に対する懸念（作品が自分の理想とする水準に達していなかったなど）から、許諾を拒まれることもありうる[322]。

　著作権の交渉が複雑なものとならざるを得ないのは、映像コンテンツ（日本の著作権法でいう「映画」）がさまざまな「部品」によって組み立てられてい

ることに加えて、その部品の著作者が有する著作権（財産権）が、前述のごとく譲渡可能な権利であり、かつ、支分権と呼ばれる多くの権利によって構成されていることにもよる。日本の著作権（財産権）における支分権を次の図に示す。

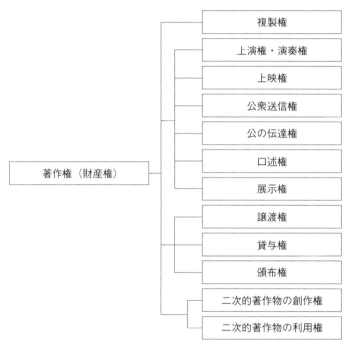

図7　著作権とその支分権[323]

　これらの権利は、それぞれを別個に、あるいは組み合わせて譲渡することが可能である。このことが、著作権（財産権）の許諾を得る作業をいっそう複雑なものとする。

　日本においては、著作者人格権も考慮する必要がある。著作権（財産権）を有する人物から許可を得たとして、その人物が著作者ではない場合、著作者からも許可を得るかどうかは「複雑な議論」があり、現場では、「著作者の許可を得ようとする傾向」[324] があるという。また、あらかじめ、いわゆる「著作者

人格権の不行使特約」を記載した契約を結ぶことも行われる。これに関して「著作者人格権は譲渡や放棄することができない個々の人格に属するもので、このような契約は無効であるという説がある一方で、現代の著作物の商品的流通を円滑ならしめる社会的要請から、必ずしもこの契約条項は無効ではないとする説」[325] もあるとされる。

　以上の交渉は、上映や放送などのリリース前に行われる。映像アーカイブを始めとする映像資料の権利者は、通常、編集の最終段階での使用箇所の報告を求める。場合によっては、編集結果を収録したビデオテープないしファイルの提出を求められることもある。すでに、試写用のビューイング・コピーを取り寄せた時点で、権料や利用料の支払いが必要な場合もあるが、通常は、最終的に使用部分を確定して報告したところで、権料や利用料を支払う段階に移行する[326]。この段階においても映像資料の権利処理は輻輳している。（営利、非営利などの）利用目的、（上映、放送、配信などをする）メディア、回数および期間、地域、独占権の有無、（営利目的の場合は）収入に応じた支払いの形式などが重層的に関与するからである。

　以下、『フィルム・リサーチャーズ・ハンドブック』を参考に、アメリカでの権利許諾交渉がどのように行われているかについて述べる。

　まず、利用目的については、以下のような項目が想定される。教育や研究など非営利目的か営利目的か。営利目的であっても、予告編など広報のためか。

　次に、メディアについて。放送（公共放送か商業放送か、広告収入による無料放送かケーブルなどの有料放送か）、劇場上映、レンタルあるいはセルビデオないしDVD、インターネット配信、博物館などにおける展示、企業内のプレゼンテーション、映画祭などコンテストへの出品（見本）など。実際の申請にあたっては、これらの目的が、単独でなく、組み合わされることが通常と考えられる。また、利用するメディアが複数の場合、利用する順番をずらしたり、期間を変えたりすることも行われる。資料を提供する側が、いわゆるウインドウ・コントロールによって、利用を許諾するメディアの順番をずらしたり期間を変えたりすることもある。

　これらのメディアについても、さらに細分化されることがありうる。放送で

は、地上波か衛星かケーブルか、ネットワーク局か地域局か、あるいは、テレビ・コマーシャルか。上映では、劇場か、機内上映かなど。

　次に、回数と期間について。放送あるいは上映の回数および期間はどれくらいか。ワンタイム（1回のみ）か複数回か、それともアンリミテッド（回数の限定無し）か。期間は限定か、それとも無期限か。回数や期間を限定した場合、その回数や期間を満了した後に、再度、利用する時は、改めて権利交渉をする必要がある。

　次に、地域について。その映像コンテンツが、上映、放送、配信などをされる地域はどこか。国内のみか、複数の国にまたがるか、北欧あるいはヨーロッパなど地域全体か、それとも全世界か（ある国や地域を除く全世界という場合もある）。

　次に、独占権について。独占（排他的）Exclusive か非独占（非排他的）Non-exclusive か。独占であれば、他の者は（契約期間中は）その映像資料を（同様の目的、メディア、条件などでは）利用できない。非独占であれば、アーカイブなどの権利保持者は他の者にも利用を許諾し提供できる。

　次に、利用料の支払い形態について。支払い形態は定額制 Flat-fee か従量制 Cents-per-unit か。定額制の場合は、一定の額を一度だけ支払う。従量制の場合は、その映像資料を利用したコンテンツが得た収入に応じ、一定の割合で、通常、一定の数量が販売されるごとに支払う。ただし、従量制であっても、最低保証額は、通常は一定の期間ごとに支払う場合がある。従量制は、主として、営利目的で映像資料を利用する場合における選択肢であると考えられる。しかし、非営利であっても、視聴数や観客動員数などに応じて従量制となる場合もありうる。

　定額制の場合、イニシャル・コストは従量制に比して、通常は、相対的に大きくなると考えられる。しかし、そのコンテンツに大きな需要があり、契約期間内に大量に販売可能である場合は、定額制が有利になるといえる。ただし、その目論見が外れた場合は、損失が発生する。従量制の場合は、これと逆のことがいえる。そのコンテンツにそれほど大きな需要がない場合は、全体のコストは相対的に押さえられるが、見込みよりも大きな需要があった場合、イニ

シャル・コストで販売できる数量を超えた分は、追加費用が発生する。また、（四半期ごとや1年ごとなどの）一定期間内で、どれだけの数量が販売されたかを報告する義務がある。

　以上、さまざまな条件について述べた。これらの条件は、さまざまな組み合わせで重層的に提示され、契約されうる。また、これらの条件が常にすべて交渉可能なわけではなく、権利者側ですでに決めた条件に応じるか否かだけが交渉の手段である場合もありうる。また、これらの条件について、アーカイブによっては、あらゆる場合を想定し、すべての条件を加味した上で、対価についての支払いマニュアルを用意しているところもある。一方、なんらかの基準を示すことはせず、その都度、交渉しながら対価を決定するところもある[327]。

　これらの条件を勘案した結果、その映像資料を利用するかどうかについて最終的に判断をくだすのは、映像コンテンツの制作者である。その判断には、映像コンテンツの芸術的あるいは報道的価値をどの程度求めるか、コンテンツとしての完成度をどこまで追求するかといった要素が関わる。映像リサーチャーは、制作者のパートナーとして、その判断を仰ぎつつ交渉を進めることになる。

　このように映像資料の利用に際しての対価の支払い条件が、文書館や図書館などの伝統的施設が収蔵する資料を利用する際に比して、はるかに複雑な様相を呈することは、映像資料が公共財であると同時に、商業利用にも多大な価値を有する特殊な財であることを示している。

7-3　パブリック・ドメインおよびフェア・ユースの概念と映像資料

　これまで検討してきたように、著作権（財産権）の複雑な性格は、映像資料の円滑な再利用を阻害する可能性を孕んでいる。このことに対応して、アメリカでは、著作権の制限規定に対処する方法として、パブリック・ドメイン public domain とフェア・ユース fair use という二つの考え方がある[328]。

　パブリック・ドメインとフェア・ユースについて、『フィルム・リサーチャーズ・ハンドブック』は、おおむね次のように定義している。

　　パブリック・ドメインとは、公共の領域にある資料に対しては、提供者に対価
を払う場合以外は、利用への許諾を求める、いわゆる権利処理を行わなくてよい
という考え方である。
　　フェア・ユースとは、著作権の保護下にある作品を、著作権を有する者の許諾
を得ることなく利用できる場合があるとする考え方である。利用にあたっては、
その使途が、報道、教育などであり、目的が非営利であることが必要となる[329]。

　以下、パブリック・ドメインとフェア・ユースのそれぞれについて映像資料
利用の観点から考察する。
　まず、パブリック・ドメインについて述べる。
　パブリック・ドメインとは、「公共の財産」[330] という意味と解される。アメ
リカでは、著作権を付与するに値しない、著作権が求められない、あるいは著
作権保護期間が終了したなどの理由によって、著作権の保護下に置かれていな
いコンテンツを指す。政府の制作によるコンテンツはこの範疇に入るため、国
立公文書館のかなりの資料がパブリック・ドメインとなる。
　日本では、「映画が公表後70年でパブリック・ドメインとなった場合には、
映画の脚本や主題歌の楽曲の著作権の保護期間が満了していなくとも、映画が
上映されたり、ビデオグラム化やテレビ放送される場合には、脚本や楽曲の著
作権も、その映画との関係では、消滅した扱いになる」[331] とされる。
　一方、アメリカでは、パブリック・ドメインの資料であっても、とりわけ、
それが映像資料である場合には、利用にあたって注意すべき点がある。先に述
べた映像資料における権利の重層性によって、映像だけではない構成要素の権
利関係も考慮しなければならないからである。たとえば、古いテレビ番組のコ
メディーがパブリック・ドメインに属しているということがあったとしても、
そのキャラクターが商標登録されているということがありうる[332]。
　このように、ある資料がパブリック・ドメインに属するかどうかは簡単には
判断できない場合もある。その判断について疑義が残り、早急にかつより確実
に判定したい場合には、費用がかかっても法律家に相談する場合もある[333]。
　また、その映像がパブリック・ドメインであるかどうかを確認する手間と負
担を考慮して、当該映像を所蔵する商用の映像アーカイブ（ストック・フッテー

ジ・ハウス）から購入することも行われる。パブリック・ドメインの映像を有料で転売することは禁止されていない。また、その際に、この映像はパブリック・ドメインであると通知する義務もない。この場合、本来は無料で利用できる映像を、あえて料金を支払って利用することになる[334]。

　次に、フェア・ユースについて述べる。

　フェア・ユースとは、著作権の保護下にある資料に対して、いくつかの特定の目的のもとであり、かつ、常識的な数量の範囲内であるならば、許諾を得ずとも利用可能とする、という考え方である[335]。フェア・ユースは、アメリカに固有の考え方であって、弁護士の Anthony Falzone（アンソニー・ファルゾン）は、「他の国でも同様のものはあるが、同じものではない」と述べている[336]。イギリス、カナダ、オーストラリアなどの国々では、フェア・ディーリング fair dealing と呼ばれる概念があるが、フェア・ユースより限定的であるという[337]。

　フェア・ユースがアメリカの著作権法で最初に論議されたのは 1841 年のことであり、直近になって現れた概念ではない[338]。しかし、インターネットが普及して、著作権が議論の的となり、また、映像資料の活用が盛んになるにつれ、フェア・ユースの概念も改めて注目されるようになったといえる。

　アメリカ著作権法第 107 条は「排他的権利の制限：フェア・ユース」について記しており、そこでは、「批評、解説、ニュース報道、教授（教室における使用のために複数のコピーを作成する行為を含む）、研究または調査等を目的とする著作権のある著作物のフェア・ユース」は著作権の侵害とならないとしている。そして、「著作物の使用がフェア・ユースとなるか否かを判断する場合に考慮すべき要素」として、次の 4 項目が掲げられている[339]。

①　使用の目的および性質（使用が商業性を有するかまたは非営利的教育目的かを含む）。

②　著作権のある著作物の性質。

③　著作権のある著作物全体との関連における使用された部分の量および実質性。

④　著作権のある著作物の潜在的市場または価値に対する使用の影響。

　上記のように、フェア・ユースであるかどうかの判断には、その利用目的が営利か非営利か、著作物全体に対して複製された部分はどの程度の割合か、その利用が著作物の潜在的市場や価値にどの程度影響を及ぼすかといったことが問題となる[340]。

　フェア・ユースであるかどうかを判断する基準は、必ずしも明確ではなく解釈が含まれる余地が大きい。日本においては、「『アメリカでは、「フェア・ユース」という規定（一般的に「公正な利用」は許されるという規定）により、大幅な無断利用が認められている』という誤解」[341] があるといわれる。実際には、「『何がフェア・ユースか？』という対象範囲の特定は、個々のケースごとに『裁判所の判断』に任せる」[342] ことになる。したがって、フェア・ユースを主張して利用した後、侵害を訴えられた場合は、その対応に時間と費用を要することになる。事前に法律家に相談するにしても負担が大きいと考える制作者は、仮にフェア・ユースとして利用できる場合でも、権料を支払ってしまう場合が生じうる。そのほうが簡便だからである。あるいは、あえて著作権保護下にある資料は利用せずにパブリック・ドメインの資料だけで済むよう、構成を組み換える場合も生じることになる[343]。

　フェア・ユースに関しては、アメリカにおいても、未だ不確実性の残る概念であり、映像コンテンツの制作にあたってフェア・ユースを適用しようとする場合は、弁護士（法律家）の助言が欠かせないといわれる[344]。

　権利許諾交渉においては、著作権法を始めとする各法規は全体の枠組を設定するものとして遵守しなければならないが、結局は、契約によって双方が納得する決定をすることになる。その過程において、映像資料と映像メディアの特性を熟知することはもとより、さまざまなノウハウが必要とされる。そして、それが、映像リサーチャーが恒常的な専門職として存在すべき所以でもある。

〈コラム〉　世界の映像アーカイブ（7）

放送ライブラリー（日本・横浜）

　神奈川県横浜市にある放送ライブラリーは、公益財団法人放送番組センターが運営する施設である。放送番組センターは、放送法にもとづいて 1968 年に設立された。ちょうど、映画からテレビへの映像メディアの転換が完了し、かつて「娯楽の王様」だった映画に代わって、テレビが「茶の間の王様」として君臨していたころである。放送番組センターの主たる事業は、放送番組を収集し、保存し、一般に公開することである。その趣旨に則って、1991 年に放送ライブラリーが開設された。放送ライブラリーは、旧横浜商工奨励館を保全した建造物である横浜情報文化センターの館内にある。施設としては、テレビに関する資料の展示室や番組を視聴できるブースを備えた視聴室がある。また、予約制ではあるが、研究者のための特別視聴ブースも設けられている。保存されている番組の数量は、テレビ番組がおよそ 2 万本、ラジオ番組がおよそ 4 千本ほどである。これらのうち 1 万 8 千本ほどが公開されている。また、CM や劇場用ニュース映画なども 3 万本ほどが公開されている。公共放送と民間放送を合わせて、日本におけるテレビ番組の歴史を通観できる場所として貴重である。これらの中には、ごく初期の番組をキネコと呼ばれる手法――テレビ画面を映画フィルムで撮影する方法――で記録したものもある。本来は、同時性を本質とするテレビメディアにあって永久に消え去ってしまったはずのコンテンツであるだけに、重要なコレクションであるといえる。

第 **8** 章
映像アーカイブの進化と課題

8-1 YouTube と映像アーカイブ

　コミュニケーションを媒介するメディアの両端には、送り手と受け手が存在する。伝統的マスメディアでは、情報は送り手から受け手へと一方向に伝播されるものだった。このことは、文書館、図書館、博物館などを、広義の「メディア」すなわち情報を伝える媒体ととらえた時にも同様のことがいえる。映像アーカイブにおいても、そのことは変わらなかった。ところが、インターネットによる双方向性は、こうした送り手と受け手の関係を決定的に変化させた。従来の受け手が送り手にもなることを可能にしたのだ。

　このことは単に検索がオンラインでできる、あるいはウェブ上に映像アーカイブを展開できるといった利便性の向上だけを意味するものではない。従来の受け手自らがコンテンツを作成し、そのコンテンツの送り手となる状況が出現するということを意味する。

　伝統的メディアである映画やテレビが高度の技能を備えたプロフェッショナルが制作するコンテンツ（Professionally Generated Contents: PGC）を供給するメディアであるのに対し、インターネットでは、一般のユーザーが作成したコンテンツ（User Generated Contents: UGC）も PGC に加えて掲載される。こうした UGC によってウェブ上に形成される広義のデジタルアーカイブあるいはライブラリーは従来のアーカイブや図書館とは決定的に異なっている。職業として従事するプロフェッショナルが映像資料を収集するのではな

く、ユーザーの投稿によって映像資料が集積されるからである。

　このことは、2000年代半ば、Tim O'Reilly（ティム・オライリー）が提唱
したWeb2.0という用語によって概念化された。詳しくは『インターネット動
画メディア論』で述べているが、1990年代から2000年代始めころまでのイン
ターネット上のサービスは、伝統的なメディアが利便性を向上させたサービ
スをウェブ上で展開するにすぎないものだったのに対し、2000年代中頃から
は受け手がみずから送り手となってコンテンツを発信し、サービスを展開す
るようになったのである。前者をWeb1.0、後者をWeb2.0とオライリーらは
呼ぶ。こうした概念を象徴する存在がWikipedia（ウィキペディア）であり
YouTubeである。

　Wikipediaは20世紀までの百科事典に代わる存在となった。オライリーは
BritanicaOnline（ブリタニカ百科事典のサイト）をWeb1.0とし、Wikipedia
をWeb2.0として両者を対比している[345]。BritanicaOnlineが既存のコンテン
ツをウェブ上に展開したものであるのに対して、Wikipediaはユーザーが参加
する新たなサービスであると位置づけていることになる。

　YouTubeはどうか。

　映像アーカイブを、その広義の意味、すなわち、デジタル化された映像資料
の置き場所してとらえるならば、YouTubeを、映像アーカイブの一種とみな
すことも可能であろう。実際にYouTubeは自らのサービスを（Your）Video
Repository「あなたの映像保管所」と称していたのである。

　むろん、YouTubeにアップロードされる映像資料群は、ユーザーから投稿
されたものであって、文書館におけるそれらのようには体系化がなされておら
ず、また、出所、同一性なども保持されていない。その意味では、本来の文書
館が有するような属性は備えていない。それでもなお、毎月19億人という多
くの利用があり、また、場合によっては、映像を利用した研究に用いられても
いる。

　オーストラリアの研究者、Alan McKee（アラン・マッキー）は、公的な
映像アーカイブでありウェブ展開もしている国立映画音響アーカイブNFSA:
National Film and Sound ArchiveとYouTubeを、オーストラリアのテ

レビ番組を題材として、いくつかの項目において比較する研究を行った[346]。2011 年の研究であって、当時とは情勢が変化している要素がある。また、この研究において設定された映像資料の利用目的は、コンテンツの制作のためではなくあくまで研究のためである。しかし、その調査結果は今日でもなお意義を有している。

マッキーの研究の結果、明らかになったのは次の諸点である。

まず、アクセスのしやすさ（映像資料の見つけやすさ）では、YouTube が優位にあった。一方、キュレーション（内容記述）の正確性に関しては NFSA が優位にあった。コンテンツの内容では、NFSA が公共的な問題に関するものが多いのに対し、YouTube では人間的関心事に関するものが多かった。たとえば、NFSA は、時事問題を扱う番組が相対的に多いのに対し、YouTube では、生活情報、メロドラマ、ゲーム番組が多かった[348]。こうした傾向を YouTube における娯楽性の優位ととらえるならば、Alyssa Fisher（アリサ・フィッシャー）らによる、近年の YouTube に関する研究の結果[347]とも適合しているといえる。映像資料が制作された時期については、NFSA は相対的に古いものが多く、YouTube は新しいものが多かった。映像資料の完全性については、YouTube は、断片化したクリップとなっているものが多かった。検索については、NFSA は書誌的情報が充実している一方、YouTube は直感的な日常のことばで検索してもヒットする率が高いという違いがあった[349]。

以上は、マッキーの研究であるが、こうした映像アーカイブに特化した研究とは別に、情報資源を扱う伝統的な諸機関すなわち文書館、図書館、博物館などとウェブ上のアーカイブを比較した研究もなされている[350]。

たとえば、Don Fallis（ドン・ファリス）は、Wikipedia には、情報掲載に遅延がないこと、アクセスが容易であること、誰にでも無料であることなどの利点があると評している[351]。そして、多くの人びとが Wikipedia を調査の出発点としていることから、デジタル資料を有する図書館や文書館は、関連する Wikipedia の項目にリンクを張るようになっていると指摘している[352]。

こうした考え方の上に立ち、映像アーカイブと YouTube の違いを把握した上で、それぞれの長所を組み合わせるサービスの構築あるいは横断的な利用

が、ウェブの特性を活かした映像アーカイブのあるべき姿の一つと考えることもできるだろう。従来の伝統的な映像アーカイブがそのコンテンツの一部をYouTube 上で展開することもすでに行われつつある。また、Wikipedia の例にならって、利用者が、YouTube である事象に関する下調べを行い、伝統的な映像アーカイブで本格的な調査を行うといった使い分けも可能であろう。インターネットでのソーシャルタギングと統制語彙を用いた検索システムの使い分けや共用についても検討されるべき事項であろう。

8-2　デジタル技術が映像資料と映像アーカイブに与える影響

　オランダのアーキビスト、エリック・ケテラールは、デジタル化が進む現代において、「なぜ、どのようにして、個人の記憶をアーカイブズ機関や博物館、図書館の記憶と結びつけうるのか、解明しなければならない」[353)] という。

　こうした課題に対する一つの回答ともいえる試みがなされている映像アーカイブがある。イタリアのトリノにある「レジスタンス博物館」である。この博物館の主題は、第二次世界大戦前後の人びとの生活とレジスタンス運動である。地下には第二次世界大戦当時の防空壕が保存されている。しかし、ここに展示されている主な事物は、当時、処刑に使われたという椅子と新聞を発行するための輪転機の 2 点である。この博物館では、実体のある展示物よりも、むしろ映像資料の上映（再生）が主体となる展示が行われているのである。

　主たる展示室には、大きなテーブルが一つ置かれているのみである。その上には、白い紙を模したスクリーンが散り敷かれている。それらの白紙の傍らには、日付や出来事など簡単なキャプションが添えられている。白紙の上を掌でこすると、その日付と出来事に関連した映像が浮かび上がり、動画の再生が始まる。あたかも、実際の古文書を手で触って埃を払い、そこに記録が現れるかのようである。動画の再生と人間が手で触るという行為が、過去の記録に肉体的に触れるという感覚をもたらすのである。

　通路の壁には、当時の人びとの証言が映像資料と組み合わせられて浮かび上がる。そして、その先にある暗い小部屋には、ガラスの壁に向き合って椅子が

数脚並べられている。閲覧者がその一つに座ると、目の前のガラスの壁に、歴史に関する資料の一節を語る人の姿が浮かび上がる。閲覧者は、実際に、目の前の人と向き合って、話を聞いている感覚に陥る。記録にもとづいて話す人の映像を視聴することが、その人と対面して話を聞いたという、自分の記憶となって生成されていく。

こうした装置こそが、「人々の個々の経験は、ひとつの集合的経験へと合成することができる」[354] ことの証左であり、その時、「記憶は本人の経験に限定されなく」[355] なって、共有され、受け継がれていく。

AR や VR といった技術を活用したレジスタンス博物館の試みは、デジタル時代における映像アーカイブが記録と記憶を未来に照射することができる存在であることを示すものといえよう。

一方、デジタル化に多くの効用があるとはいえ、オリジナルである実物の存在が変わらず重要であることにも留意しなければならない。

映像資料については、デジタル化による改変が容易になっていることから、その有無を知るためにも、オリジナルを保存することはいっそう重要になっている。結局は、オリジナルとヴァーチャルが共存し、互いの長所を活かした活用と連携が求められることになるだろう。

オリジナルの存在に関しては、もう一つ重要な変化が生じている。

CG（コンピュータ・グラフィックス）技術の飛躍的発達は、映像資料の記録性と史料的価値に大きな影響を及ぼしつつある。ケテラールは、こうした時代に、「オリジナルはもはや存在しません」[356] という。

2013 年には、往年の映画女優 Audrey Hepburn（オードリー・ヘプバーン）を精細なカラー CG で蘇らせたコマーシャル映像がインターネットで配信された。一見したところでは、オードリーが出演した未公開の映像が発掘されたのかと見紛うほどの精度である。それ以降、多くの俳優や歌手が CG で再現される映像が制作され、完成度に差はあるが、今や珍しくない現象となっている。

19 世紀の終わりに映画の保管所を提唱したマトゥシェフスキは、「映画がもたらすものは、争う余地なく絶対的な真実である」とし、その理由として「ふつうの写真は手を加えて作り替えることができる。しかし 1,000 あるいは 1,200 もの

ごく小さなネガにすべて同様に手を加えることを試みてみよ」と述べた[357]。手作業による加工によって、写真 1 枚なら捏造できるかもしれない。しかし、当時の技術で映画の小さな静止画の連続をすべて同様に加工することは不可能だというのである。

　ところが、現在の技術であれば、マトゥシェフスキが不可能としたことは、比較的低廉な機材とソフトによって個人でもある程度可能になっている。

　2017 年頃から、Deep Fake（ディープフェイク）と呼ばれるフェイク動画が出現して、実際には話していない内容を画面内の人物に話させることを可能にし、2018 年には、オバマ前大統領の演説を偽造した動画が話題を呼んだことは、『インターネット動画メディア論』でも述べた[358]。

　この後、CG による再現と合成の技術がさらに進化することはまちがいない。その結果、もはや真贋を判定することのできないレベルのフェイク映像が過去の歴史史料として流通することもありうる。個々人の記憶を語る行為を証拠立てるものとして記録が存在し、公的な記録は集団としての記憶、すなわち人類の記憶を裏打ちするものであることは前述した。そうした過去の記録としての映像史料を自在に改竄し、捏造することができるのであれば、記録のみならず記憶も危機に瀕することになる。人類は、記録と記憶の問題に関してかつてない事態に直面しつつあるといえる。

　『映像メディア論』でも述べたことではあるが、FIAF が、2008 年に発表したマニフェストにおいて、「デジタル技術が進歩すればするほど、映像の内容に手を加えたり、恣意的に改変することが容易になってしまいます。しかしながら、不正な改変や不当な歪曲が行われたとしても、もとのフィルムが適切に保管されていれば、比較することによって、いつでもそうした違いを見つけだすことができます」[359] と記していることの意義は、さらに深まっている。そして、映像資料の保存と映像アーカイブの存在もさらに重要性を増しているといえよう。

8-3 映像アーカイブの事業性と公共性

このように映像資料を未来へ向けて人類共通の記憶として構築する動きが現れる一方、映像資料の活用にとって課題とされるのが、権利許諾の問題である。

著作権の保護に関しては、方式主義と無方式主義の二つの方法が存在する。方式主義とは、著作権保護の条件として登録を必要とする主義で、アメリカは長期にわたりこの方法を採ってきた。一方、無法式主義とは、登録を必要とせず、無条件で著作権が保護される主義である[360]。著作権に関する国際条約であるベルヌ条約は、この無方式主義をとっている。

アメリカでは、著作権に関わる法規は数次の改定を経て今日にいたっている。しかし、そうした改定の中で、1976 年の改定は、アメリカにおいて、その後の資料利用に大きな影響を及ぼす歴史的な意義を有するものとなった。ベルヌ条約への参加を前提として、この時の改定で、著作権の保護期間がさらに延長されただけでなく、1978 年以降の著作物に関しては、著作権が自動的に付与されることになったのである[361]。この結果、アメリカでも、申請をする必要なく、作品ができた時から著作権保護が発生することになった。

こうした無方式主義は、インターネット配信へのメディアの転換が進み、映像資料の利用が活発になるに従い、深刻な問題を生起させることになった。過去に制作された映像資料を発掘して利用しようとする時、どれだけの労力を払っても、その権利者を見つけることができない可能性が改めて露になったのだ[362]。

著作権の保有者が誰であるかを特定することができない場合、著作権のシステムは大きな問題を引き起こす可能性を有しているといえる。利用する側は利用できず、権利者も許諾による対価を得る機会を逸するからである[363]。

著作権の制度は、制作者の権利を守り、創作の可能性を広げる意義を有する。労力を費やして制作した作品を不当に複製し不当な利益を得る者は処罰されるべきと考えられている。ところが、自動付与と作者の生存中のみならず作

者の死後にもおける期間延長は、インターネット配信の発展と共に、過去の映像資料を活用しようとする場合に、多くの困難を発生させた。映像資料には、権利者が多種多様に錯綜している。多くの権利者のうち、たった一人でも利用を拒絶すれば再利用ができなくなる。交渉の結果、許諾されない場合はともかく、交渉するべき相手が特定できない場合は深刻である。

　このように、何らかの理由で著作者が特定できていない著作物を、オーファンワークスと呼び、人類の資産が死蔵されることへの懸念も多く表明されている。

　また、デジタル化・ネットワーク化により、著作物の利用者が事業者から一般大衆に広がった。一般大衆が使用許諾を取得できるよう、その取得が安価・簡便であることが必要となるという主張もある [364]。

　こうした状況を反映して、映像資料を活用しようとする際の権利許諾についても、さまざまな考え方が生じてきた。

　その一つは、Due diligence（デュー・デリジェンス）という考え方である。デュー・デリジェンスとは、当然払うべき努力あるいは注意義務のことをさす。一般に企業の吸収・合併などにおいて事前に調査を行う時に用いられる語であるが、著作権などの権利処理にあたって、この語を用いる場合は、特に知財デュー・デリジェンスとも呼ばれる。

　この考え方は、著作権者を見つけることができないため、権利の許諾が得られず、したがって利用ができない場合に、有用であるといえる。すなわち、著作権者を見つけるための、最大限の努力（best efforts）をしたかどうかが問われるわけである。手段を尽くしても見つけることができない場合、著作権の処理にあたって、一定の供託金を公的機関に納めることにより、著作権者が現れた時は、その供託金によって補償することとし、暫定的に利用を可能とする裁定制度も設けられるようになっている。

　日本では、著作権法第六十七条に定められた文化庁長官の裁定という制度がある。著作権者が不明であり相当な努力を払っても連絡することができない場合、連絡することができないことを疎明する資料その他政令で定める資料を提出し、かつ通常の使用料の額に相当する補償金を供託して申請することによっ

て、その著作物を文化庁長官の裁定で利用可能とする制度である[365]。

　もう一つは、Creative Commons（クリエイティブ・コモンズ）という考え方である。デュー・デリジェンスが利用の許諾を得ようとする側からの考え方であるのに対し、クリエイティブ・コモンズは、利用を許諾しようとする側からの発想といえる。

　クリエイティブ・コモンズは、インターネットに関する法律や知的財産権の専門家と映像制作者や映像関連企業が集まって、2001年にアメリカで設立された[366]国際的非営利団体とその活動をいう。以来、数多くの映像資料がクリエイティブ・コモンズとして提供されている。日本では、クリエイティブ・コモンズ・ジャパンが2004年3月にアメリカに次いで世界で2番目にクリエイティブ・コモンズ・ライセンスをリリースした。

　クリエイティブ・コモンズ・ライセンスとは「インターネット時代のための新しい著作権ルールで、作品を公開する作者が『この条件を守れば私の作品を自由に使って構いません。』という意思表示をするためのツール」[367]である。権利者によって、クリエイティブ・コモンズに設定された映像資料は、著作者が定める条件下では自由に利用できるものとなる。作品を利用するための条件は表示、非営利、改変禁止、継承の4種類あり、これらの条件を組み合わせてライセンスを選ぶことができる[368]。

　これらのことには、映像資料に関する公共性と事業性の問題も関わっている。映像アーカイブが私的機関として継続的に運営されるためには、運営の費用を捻出するための収益は最低限必要となる。しかし、営利のみが追求されれば、人類共通の記憶としての映像資料は、人びとの手が届きにくいものとなる。また、映像資料を利用した新たなコンテンツの創造も行いがたくなる。

　もう一つ映像資料において考慮しなければならないのは、所有権の問題である。これは、実写による映像の場合に起こりうる映像ならではの事象であるといえる。すなわち、対象物が未だ撮影されていない場合には、その資料を撮影するために、その資料に近づく必要があり、その資料が閉所に占有されている場合などは、なんらかの許諾を得なければならない可能性がある。あるいは、すでに映像資料としてアーカイブに所蔵されており、そのオリジナルあるいは

コピーの閲覧あるいは再利用に際して、その映像媒体（フィルムやビデオテープなど）の所有者に許諾を得なければならない場合がある。

　もし、ある所有者だけが、その資料の物理的媒体を所蔵しており、他に代替できるコピーが存在しないとすれば、その所有者は好きなように使用料を設定できる。そして、その資料がたとえパブリック・ドメインすなわち著作財産権が消滅しているものであるとしても、その資料の利用を制限したり禁じたりすることができる[369]。

　このことに関しては、「無体物である著作物に対する著作権と、著作物を収録する有形的媒体に対する所有権とは、別個の権利」であって、「著作物を収録する媒体、たとえば絵画の原作品を譲渡しても、絵画著作物に対する著作権は必ずしも移転しない」[370]とされる。そして、「ある芸術作品を美術館が所有（所蔵）していたとしても、美術館自身がその作品の著作権を有していることは極めて稀」[371]であるという。

　資料を所有者が手元に保有しておらず、アーカイブなどに寄贈している場合でも、映像資料の場合は、再利用にあたって許諾を得なければならないことが生じる。また、事物を撮影するための許可についても同様である。

　マーク・A・グリーンは、次のように述べている。

　　　収集保管施設で働くすべてのアーキビスト・学芸員は、寄贈者との協議により、寄贈証書（deeds of gift）に記されたコレクション資料公開条件に、一字一句忠実に従うことで一致している。我々は一様に（実行する上で一様に成功している訳ではないが）そのような制限は明瞭で、時限的なもので、また「適正な」期間でなければならないという意見でも一致している。だが寄贈者側が示した制限によって、寄贈者自身が個別利用者の利用申請を許諾することが適切かどうかについては、これといった共通見解がない。寄贈者が閲覧の可否を決めるという状況は結果として不平等な閲覧につながると強く主張する者もいるし、コレクションを封印してしまうよりは、不平等閲覧でも無いよりはマシと考える者もいる[373]。

　アメリカ議会図書館には、サイレント時代の映画ですでに著作権が消滅している資料がある。それにもかかわらず、議会図書館においては、その資料を利用できない場合がある。資料の寄贈者による制限が加えられているためである[372]

　資料の寄贈者が、（すでに著作権が消滅している）資料の利用を制限する権限を有し、議会図書館がその権限を遵守するということは、私的所有物の保管に対して税金が使われ、なおかつその税金を収めている国民はその資料を利用できないということを意味するという意見もある。

　このことは、結局、映像資料の利用にまつわる権利と公共性をどう考えるかという問題につながる。

　インターネットのプラットフォームに関しては、その政治的中立性や公共性が論議されている。また、キュレーションを行うサイトが、不適切な運用によってアクセスを集めようとする事例も発覚している。

　映像資料も書物と同じように、法定納付を制度とする国もある。テレビについては、フランスの INA が法定納付を行っていることを述べた。映画については 1996 年に開かれた FIAF の総会で法定納付に関する調査の結果が公表された。50 か国ほどのアーカイブに送られたアンケートの有効回答とその他の調査結果を加えて 46 の国と地域の状況が把握された。その結果、なんらかの法定納付制度がある国・地域は 26 だったという[374]。

　一方、こうした公的側面を過度に強調することは、権力による検閲の問題にもつながる危険性を孕んでいる。「『アーカイブズ』には、国民の未来を築くという側面だけがあるわけではなく、一国が他国あるいは世界を支配するため、または国家権力が国民や人民を統制支配するための抑圧や弾圧に有効な道具として用いる側面もあるという『諸刃の剱』であることを見落としてはならない」[375] のである。

〈コラム〉 世界の映像アーカイブ（8）

レジスタンス博物館（イタリア・トリノ）

　イタリアのレジスタンス博物館は、トリノ市の一角、聖骸布博物館の近く
にある古い建物の中にある。正確には、「レジスタンス、収容所送り、戦争、
権利と自由を伝えるための博物館」[376]　という長い名称を持つ。同じトリノ
にある国立映画博物館とは、王宮を挟んで反対側に位置するが、国立映画博
物館がモーレの名で親しまれ、市のシンボルとして観光名所になっているこ
とに比べれば、ひっそりとした佇まいであり、まさに知る人ぞ知る場所であ
るといえる。開設されたのは2003年と比較的新しいが、施設は18世紀の建
物の中に設けられ、地下にある展示室へ降りていく時には、タイムスリップ
をして過去に向かっていくかのような思いにとらわれる。博物館の映像アー
カイブには、およそ1,700のフィルム資料、1万以上のビデオ資料が収蔵さ
れているが、この博物館の特徴は、それら映像資料の活用法すなわち展示
の工夫にある。本文でも紹介したように、最新の技術を駆使したインタラク
ティブな展示がおこなわれており、石の壁に映像が映し出されたり、石板を
なぞって映像が浮かび上がったり、椅子に座ると前に証言を語る人物が現れ
たりする仕掛けとなっている。地下から再び地上に戻る途中の壁は、見学者
が感想を記した紙片によって埋めつくされており、デジタル技術と映像資料
の結合が、人びとの心に訴えかける力の強さをまざまざと物語っている。

終わりに
―― 過去を制する者が未来を制する ――

　1995 年、映画が誕生してから 100 年、日本で放送が開始されてから 70 年の節目にあたって、日本では、11 本シリーズのテレビ番組『映像の世紀』の放送が開始された。この番組は、映像資料を収集し、その映像を中心に構成して 20 世紀の激動を描くというコンセプトによるものだった。

　この番組の制作に 1 ディレクターとして参加していた筆者は、第二次世界大戦から朝鮮戦争にいたるまでの時期を担当した。筆者は、それまでの番組制作での経験から、世界各地に残る象徴的な事物を調査し、取材した。ヒトラーが大本営としたヴォルフスシャンツェ（狼の巣）の廃墟、ドイツ軍によって焼き払われた時のまま保存されているフランスのオラドゥール村、東西冷戦によって国が分断されたため村の真ん中に国境が設けられて監視塔が建てられたドイツのメドラロイト村など、それぞれ一つの番組になるほどの題材だった。ところが、いざ編集となると、これらロケの映像は副次的な扱いとなった。そこには、シリーズ全体の統括を担当したプロデューサーの炯眼があった。あくまで、過去の映像資料が番組の根幹であって、新たに撮影された素材は脇役でしかないというのである。これは、過去の映像資料が新規撮影による素材よりも優先的な地位を有するものとしたコペルニクス的転回ともいうべき理念だったといえる。映像資料そのものが語りかける力が勝るという判断をプロデューサーはしたのである。

　映像アーカイブが所蔵する映像資料を活用した歴史ドキュメンタリーの制作は、欧米では、1970 年代から 1980 年代にかけてしだいに盛んになった[377]ことは本書で触れた。それらはいずれの番組でも、証言の他に歴史学者や評論家が事象を解説したり論評したりするインタビューが付け加えられていた。その意味では、これらの番組は、なんらかの歴史的見解を示そうとする構成（トリートメント）が先にあり、映像資料と証言は、そうした骨組みに肉付けをす

る役目を果たすものだった。

　ところが、『映像の世紀』では、歴史学者や評論家のインタビューは挿入されることはなかった。あくまで映像資料のおおむね時系列に沿った固まりが先にあり、そこから自ずと物語を浮かび上がらせるという手法が用いられたのである。人類が動く映像をメディアとして誕生させてから100年、映像資料の蓄積が重要な歴史を自ずと語り始める時にいたっていた。それを示す里程標となった番組だったといえるのではないだろうか。

　それからさらにまた四半世紀が過ぎた今日、放送当時は一次的機能しか有していなかった、あの時の取材の映像は、アーカイブに収蔵され、いずれ二次的機能を発揮すべきものとして利用の時を待っている。フランスの哲学者 Jacques Derrida（ジャック・デリダ）が「過去の事柄と同じくそしてそれ以上に、それ以前に、アーカイヴは、未来の到来を取り上げるはず」[378]と述べたとおりのことが起きると考えられる。まさに映像資料が、やがて未来を照射する可能性を持つことを示す事例であるといえる。

　本書は、これまで発行した『映像メディア論』および『インターネット動画メディア論』を承継するものではあるが、それら2冊とは異なる視点に立脚してもいる。『映像メディア論』は、映画、テレビ、インターネットのメディアとしての3層構造を100年という長いスパンでとらえ、その3者の関係性を巨視的に述べたものであった。『インターネット動画メディア論』は、その3層構造を直近の事象として微視的に観察するものであった。本書はスパンの上では100年以上の期間を対象とする巨視的な視点を有するが、その対象は映像資料の意義と活用に収斂させた点で微視的な視点に立脚している。

　こうした複合的な視点による考察の結果、これまでの著書で明らかにしてきた映像メディアの3層構造や映像コンテンツの特性が、映像アーカイブの類型、映像資料に関するメタデータや諸権利においても、当然ではあるが反映していることが改めて明らかになったこと、そして、そのことが逆に映像資料や映像アーカイブについての、錯綜していたり曖昧だったりする概念を解きほぐすための切り口を提供する知見となったこと、これらが本書の収穫であった。

　映像アーカイブは、その所蔵する資料における複合的性格、著作権における

入れ子構造と権利の重畳、外部提供における対価設定の細分化などの点で、文書館を始めとする伝統的な機関とは異なる規模の複雑な構造を有している。そして、その複雑な構造がさまざまに変形された結果、個々の映像アーカイブが一つとして同じものはないといえる多様性を示すにいたっている。

　本書のコラムでは、本文と関わりのある映像アーカイブについて記述するとともにその建物を示した。アメリカやフランスのインスティテューショナルな大型アーカイブがガラス張りの近代的な外観を示す一方、ヨーロッパの博物館における映像アーカイブが個人の情熱が反映したともいえる個性的な外観を示すなど、その建物は、各アーカイブの性格を象徴するものともなっている。名称もまた、アーカイブ、ライブラリー、博物館、研究所、シネマテークとさまざまである。これらのこともまた、映像アーカイブが多様性の申し子であることを示すといえよう。

　筆者が現在所属している筑波大学図書館情報メディア系も、多様な研究者が集う場所である。そこでは、図書館情報学はいうまでもなく、博物館学、アーカイブス学を専門領域とする研究者も在籍し、さらには、メタデータや著作権についても専門の研究者が所属している。こうした環境において、さまざまな研究者の活動に触れたことが本書を執筆する上での大きな支えとなった。この場を借りて、改めて多くの先生方に御礼を申し上げたい。また、大学に奉職する前に参加させていただいた「メタデータ研究会」で多くの刺激を与えてくださった先生方、番組制作および編成の現場にいたころに著作権法などに関して数限りない助言をいただいた日本放送協会知財展開センターの諸氏にも改めて感謝申し上げたい。もとより、本書の記述は映像という観点からによる特殊なものではあるが、筆者の浅学非才に起因する誤認は免れない。大方の叱正を仰ぐ次第である。前著に引き続き編集の労をとってくださった大学教育出版の佐藤守氏ならびに佐藤宏計氏には改めて厚く御礼申し上げたい。

　「新しい酒は新しい革袋に」という。映像アーカイブという、他の伝統的機関に比べれば「新しい」存在については、その概念とその利用のあり方も従来の概念の単純な延長上にではない新しい解釈が求められている。なおかつ、営利と公共のバランスをどうとるかという古くて新しい問題に直面してもいる。

　作家 George Orwell（ジョージ・オーウェル）は、その著書『一九八四年』で、「過去を制する者が未来を制する」と述べた。この『一九八四年』という小説は 20 世紀の中頃に執筆されたもので、未来の世界が、ビッグブラザーと呼ばれる党組織に支配され、人びとはテレスコープという装置によって常時監視され、行動を制限されるというディストピア（ユートピアの反対の世界）が描かれている。そこでは、「過去を制する者が未来を制する。現在を制する者が過去を制する」というスローガンが掲げられている。そして、過去の記録は支配者の都合がよいように改竄され、体制に反対した者は存在したことの記録を抹消される。すなわち、もともと、存在していなかったことにされる。このようにして「現在」を支配する者が、「過去」を自在に書き換える力を手にし、その結果「未来」すなわち社会を自分の思いのままに作り替え、支配を強めていくことになる。

　映像の加工が従来では考えられないほど簡単になり、精巧なフェイク動画を制作し配布することが可能になった現代では、『一九八四年』におけるような文書だけではなく映像資料をも改竄することによって、人びとをさらに容易に洗脳し、オーウェルが描いた悪夢がより恐ろしいものとなりうる可能性がある。デジタル化が進み、インターネットが普及し、AI が発達しつつある今、『一九八四年』で描かれたディストピアは技術的には実現できる地点まで人類は来ているといえる。

　デリダは、「記憶の支配はともかく、アーカイヴの支配がない政治的権力は存在しない」と記した [379]。振り返れば、18 世紀末のフランス革命のさなか、「一七九四年六月二五日の国民公会によって投票された法律で、アーカイブズの公共性は主要な基礎事項であると定められ（中略）アーカイブズはもはや王家の遺産としてではなく、もはや臣民ではない市民の財産と考えられるようになり始めた」[380] のだった。

　それから 1 世紀あまり後の 19 世紀末、現実を動く映像として記録する手段を人類は手にした。そして、それからさらに 1 世紀あまりを経た 2020 年の今日、映像資料は、爆発的な勢いで拡大し続け、その内実も日々変化しつつある。映像アーカイブが有する多様性や新たなコンテンツを創造する特性は、画

一性に反し、停滞を打ち破って新たなものを産み出す性格を有している。したがって、『一九八四年』に描かれたような記録と記憶の一元管理と統制に対抗する力となる可能性を孕んでいるといえる。未来を照射するための資産として、人類の記録と記憶を担う、映像アーカイブと映像資料の意義は何か。それを問うことは、公共とは何か、人間の社会とはどうあるべきかを問うことにもつながっている。記録と記憶が照射する未来がどのようなものかが問われているのである。本書が、これから映像アーカイブを担い、映像を活用したコンテンツを制作しようとする方々にとって、わずかばかりでも参考になるところがあれば幸いである。

注

サイトの URL について特に断りのない場合は、2020 年 6 月 30 日閲覧。

ページが表示されない Kindle 版の資料については、端末により表示位置が異なるため、章題または資料名のみを記載。

外国語文献引用部分の訳は、引用者による。

1) Bernard, Sheila Curran and Kenn Rabin. *Archival Storytelling: A Filmmaker's Guide to Finding, Using, and Licensing Third-Party Visuals and Music*. Kindle ed., Taylor and Francis. 2009. p.5

2) Kula, Sam. *Appraising Moving Images: Assessing the Archival and Monetary Value of Film and Video Records*. Scarecrow. 2003. および Edmondson, Ray. *Audiovisual Archiving: Philosophy and Principles. Third Edition*. The United Nations Educational, Scientific and Cultural Organization. 2016

3) 児玉優子「アーカイブズと動的映像アーカイブ ― 近くて遠い隣人？―」『アーカイブズ学研究』第 11 巻、2009 及び石原香絵『日本におけるフィルムアーカイブ活動史』美学出版、2018

4) 時実象一「欧州の映画アーカイブ」『デジタルアーカイブ学会誌』第 3 巻第 4 号、2019 などの論考がある。

5) 上代庸平［編］『アーカイブズ学要論』中京大学社会科学研究所、2014、p.65 及び p.62

6) Kula, Sam. *Appraising Moving Images: Assessing the Archival and Monetary Value of Film and Video Records*. Scarecrow. 2003, p.41

7) ベルティーニ、マリア・バルバラ［著］最上良［訳］『アーカイブとは何か　石板からデジタル文書まで、イタリアの文書管理』法政大学出版局、2012、p.54

8) ベルティーニ、マリア・バルバラ［著］最上良［訳］『アーカイブとは何か　石板からデジタル文書まで、イタリアの文書管理』法政大学出版局、2012、pp.48-49

9) Edmondson, Ray. *Audiovisual Archiving: Philosophy and Principles. Third Edition*. The United Nations Educational, Scientific and Cultural Organization. 2016. p.12

10) 文部科学省「動的映像の保護及び保存に関する勧告（仮訳）」https://www.mext.go.jp/unesco/009/1387391.htm

11) 二瓶和紀・宮田ただし『映像の著作権』Kindle 版、太田出版、2014

12) 古賀崇「総論：アーカイブズをいかに位置づけるか：日本の現状からのレビュー」『情報の科学と技術』第 62 巻第 10 号、2012、p.409

13）森本祥子『デジタルアーカイブの 15 年 ― それが意味するもの ―（コメント 3）伝統的アーカイブズとデジタルアーカイブ」「アーカイブズ学研究」第 15 巻、2011、p.55

14）古賀崇「情報資源経営各論Ⅱ　公文書館」根本彰［編］『シリーズ図書館情報学 3　情報資源の社会制度と経営』東京大学出版会、2013、p.229

15）古賀崇「情報資源経営各論Ⅱ　公文書館」根本彰［編］『シリーズ図書館情報学 3　情報資源の社会制度と経営』東京大学出版会、2013、p.241

16）石原香絵『日本におけるフィルムアーカイブ活動史』美学出版、2018、p.210

17）湯上良「イタリア統一前後におけるアーキビスト ―― 制度の確立と理論的発展 ―― 」『アーカイブズ学研究』第 28 巻、2018、p.31

18）ベルティーニ、マリア・バルバラ［著］最上良［訳］『アーカイブとは何か　石板からデジタル文書まで、イタリアの文書管理』法政大学出版局、2012、pp.15-16

19）石川徹也ほか［編］『つながる図書館・博物館・文書館　デジタル化時代の知の基盤づくりへ』東京大学出版会、2011、p.vi

20）国際博物館会議『イコム職業倫理規程　2004 年 10 月改訂』イコム日本委員会、2004、p.6

21）ベルティーニ、マリア・バルバラ［著］最上良［訳］『アーカイブとは何か　石板からデジタル文書まで、イタリアの文書管理』法政大学出版局、2012、p.20

22）ベルティーニ、マリア・バルバラ［著］最上良［訳］『アーカイブとは何か　石板からデジタル文書まで、イタリアの文書管理』法政大学出版局、2012、pp.22-23

23）安藤正人「文書館の資料」大西愛［編］『アーカイブ事典』大阪大学出版会、2003、p.14

24）安藤正人「文書館の資料」大西愛［編］『アーカイブ事典』大阪大学出版会、2003、p.14

25）Muller, Samuel, J.A. Feith and R. Fruin. *Manual for the Arrangement and Description of Archives*. Translated by Leavitt, Arthur H., Second Ed., The Society of American Archives. 2003. p.v.

26）森本祥子「デジタルアーカイブの 15 年 ― それが意味するもの ―（コメント 3）伝統的アーカイブズとデジタルアーカイブ」『アーカイブズ学研究』第 15 巻、2011、p.57

27）ケテラール、エリック「未来の時は過去の時のなかに　21 世紀のアーカイブズ学」『アーカイブズ学研究』第 1 巻、2004、p.9

28）グリーン、A・マーク「米国の大学における機関アーカイブ及び手稿コレクションへのアクセス」小川千代子・小出いずみ［編］『アーカイブへのアクセス 日本の経験、アメリカの経験』日本アソシエーツ、2008、p.128

29）吉見俊哉・小川千代子［対談］「大学アーカイブの現実 ― 東京大学大学院情報学環を事例に」小川千代子・小出いずみ［編］『アーカイブへのアクセス 日本の経験、アメリカの経験』日本アソシエーツ、2008、p.110

30）松崎裕子「世界のビジネス・アーカイブズ　多様な価値を持つ、経営・業務に貢献するツール」公益財団法人渋沢栄一記念財団・実業史研究情報センター［編］『世界のビジネス・

アーカイブズ——企業価値の源泉』序章、日外アソシエーツ、2012、p.6

31）　Coco, Anne and Jenny Romero. "Documenting Cinema: The Evolution of the Film Librarian." *Journal of Film Preservation* 97, 10. 2017

32）　Coco, Anne and Jenny Romero. "Documenting Cinema: The Evolution of the Film Librarian." *Journal of Film Preservation* 97, 10. 2017

33）　梅棹忠夫「博物館は未来をめざす」『メディアとしての博物館』平凡社、1987、p.17

34）　荻昌朗・梅棹忠夫「知的情報としての映像」梅棹忠夫［編］『博物館の世界』中央公論社、1980、p.64

35）　梅棹忠夫「情報産業としての博物館」『メディアとしての博物館』平凡社、1987、p.179

36）　荻昌朗・梅棹忠夫「知的情報としての映像」梅棹忠夫［編］『博物館の世界』中央公論社、1980、p.70

37）　トマセン、テオ［著］石原一則［訳］「アーカイブズ学入門 A First Introduction to Archival Science」『アーカイブズ学研究』第2巻、2005、p.7

38）　ケテラール、エリック「未来の時は過去の時のなかに　21世紀のアーカイブズ学」『アーカイブズ学研究』第1巻、2004、p.9

39）　Bernard, Sheila Curran and Kenn Rabin. *Archival Storytelling: A Filmmaker's Guide to Finding, Using, and Licensing Third-Party Visuals and Music*. Kindle ed., Taylor and Francis. 2009. p.7

40）　Lumière, Louis Jean. *La Sortie de l'usine Lumière à Lyon*.（『工場の出口』）1895

41）　Houston, Penelope. *Keepers of the Frame: The Film Archives*. British Film Institute. 1994. p.12

42）　Dalton, Susan. "Moving Images: Conservation and Preservation." in *Conserving and Preserving Material in NonBook Format*（1988), 1991, p.61

43）　Slide, Anthony. Nitrate *Won't Wait A History of Film Preservation in the United States*. Kindle ed. McFarland & Company, Inc., Publishers. 1992, p.9

44）　Slide, Anthony. *Nitrate Won't Wait A History of Film Preservation in the United States*. Kindle ed. McFarland & Company, Inc., Publishers. 1992, p.17

45）　Henson, Bruce "Iris Barry: American Film Archive Pioneer" *Katharine Sharp Review* no. 004, Winter, 1997

46）　Coco, Anne and Jenny Romero. "Documenting Cinema: The Evolution of the Film Librarian." *Journal of Film Preservation* 97, 10. 2017

47）　Henson, Bruce "Iris Barry: American Film Archive Pioneer" *Katharine Sharp Review* no. 004, Winter, 1997

48）　Henson, Bruce "Iris Barry: American Film Archive Pioneer" *Katharine Sharp Review* no. 004, Winter, 1997

49） Slide, Anthony. *Nitrate Won't Wait A History of Film Preservation in the United States*. Kindle ed. McFarland & Company, Inc., Publishers. 1992. p.18

50） 国立映画アーカイブ「国立映画アーカイブの歴史」 https://www.nfaj.go.jp/aboutnfaj/history/　2020 年 7 月 1 日閲覧

51） 石原香絵『日本におけるフィルムアーカイブ活動史』美学出版、2018、p.161

52） Barry, Iris. "Why Wait for Posterity?" *Hollywood Quarterly* 1 (2) : 131-137. 1946 p.136

53） Henson, Bruce "Iris Barry: American Film Archive Pioneer" *Katharine Sharp Review* no. 004, Winter, 1997

54） Henson, Bruce "Iris Barry: American Film Archive Pioneer" *Katharine Sharp Review* no. 004, Winter, 1997

55） Coco, Anne and Jenny Romero. "Documenting Cinema: The Evolution of the Film Librarian." *Journal of Film Preservation* 97, 10. 2017

56） ラウド、リチャード［著］村川英［訳］『映画愛』リブロポート、1985、p.64

57） Butler, Ivan. *To Encourage the Art of the Film*. Robert Hale & Company. 1971. p.55

58） Coco, Anne and Jenny Romero. "Documenting Cinema: The Evolution of the Film Librarian." *Journal of Film Preservation* 97, 10.2017

59） Slide, Anthony. *Nitrate Won't Wait A History of Film Preservation in the United States*. Kindle ed. McFarland & Company, Inc., Publishers. 1992. p.22

60） Henson, Bruce "Iris Barry: American Film Archive Pioneer" *Katharine Sharp Review* no. 004, Winter, 1997

61） Campagnoni, Donata Pesenti and Nicoletta Pacini Eds..*National Cinema Museum Turin: The Visitors Guide*. Silvana Editoriale, 2016. p.9

62） Campagnoni, Donata Pesenti and Nicoletta Pacini Eds..*National Cinema Museum Turin: The Visitors Guide*. Silvana Editoriale, 2016. p.88

63） Fielding, Raymond. *The American Newsreel 1911-1967*. University of Oklahoma Press. 1972.

64） Bernard, Sheila Curran and Kenn Rabin. *Archival Storytelling: A Filmmaker's Guide to Finding, Using, and Licensing Third-Party Visuals and Music*. Kindle ed., Taylor and Francis. 2009. p.22

65） Houston, Penelope. *Keepers of the Frame: The Film Archives*. British Film Institute. 1994. p.143

66） Bernard, Sheila Curran and Kenn Rabin. *Archival Storytelling: A Filmmaker's Guide to Finding, Using, and Licensing Third-Party Visuals and Music*. Kindle ed., Taylor and Francis. 2009. p.24

67）　伊藤敏朗「テレビライブラリー国際機構（FIAT/IFTA）東京総会・専門家会議に出席して」（初出：『アート・ドキュメント通信』No.8（1991.1）p.4. http://www.rsch.tuis.ac.jp/˜ito/research/lib_articles/itoh/fiat.html

68）　「デジタルアーカイブ用語集」（資料提供：デジタルアーカイブ推進協議会）artscape サイト https://artscape.jp/dictionary/digital-archive/index.html より

69）　FIAT/IFTA "HISTORICAL MILESTONES" http://fiatifta.org/index.php/about/historical-milestones/

70）　文部科学省「動的映像の保護及び保存に関する勧告（仮訳）」 https://www.mext.go.jp/unesco/009/1387391.htm

71）　辻泰明『映像メディア論』和泉書院、2016、p.95

72）　辻泰明『映像メディア論』和泉書院、2016、p.95

73）　辻泰明『インターネット動画メディア論』大学教育出版、2019、p.40

74）　辻泰明『インターネット動画メディア論』大学教育出版、2019、p.41

75）　FIAF Affiliates https://www.fiafnet.org/pages/Community/Affiliates.html#:˜:text=As%20of%20May%202020%2C%20FIAF,81%20Associates%2C%20in%2075%20countries.

76）　FIAT/IFTA A global network of broadcast archives. http://fiatifta.org/index.php/about/

77）　Edmondson, Ray. *Audiovisual Archiving: Philosophy and Principles. Third Edition.* The United Nations Educational, Scientific and Cultural Organization. 2016.p.34

78）　Morgan, Jenny. *The Film Researcher's Handbook.* Kindle ed., Taylor and Francis. 2014.

79）　Usai, Paolo Cherchi. *Silent Cinema A Guide to Study, Research and Curatorship Third Edition.* Bloomsbury Publishing. Kindle ed. 2019

80）　Edmondson, Ray. *Audiovisual Archiving: Philosophy and Principles. Third Edition.* The United Nations Educational, Scientific and Cultural Organization. 2016. pp.34-37

81）　Edmondson, Ray. *Audiovisual Archiving: Philosophy and Principles. Third Edition.* The United Nations Educational, Scientific and Cultural Organization. 2016. pp.37-39

82）　Edmondson, Ray. *Audiovisual Archiving: Philosophy and Principles. Third Edition.* The United Nations Educational, Scientific and Cultural Organization. 2016. p.34

83）　児玉優子「米国の動態画像アーカイブ」『レコード・マネジメント』第52号、2006、pp.4-5

84）　児玉優子「アーカイブズと動的映像アーカイブ―近くて遠い隣人？―」『アーカイブズ学研究』第11巻、2009、p.75

85）　Bernard, Sheila Curran and Kenn Rabin. *Archival Storytelling: A Filmmaker's Guide*

to Finding, Using, and Licensing Third-Party Visuals and Music. Kindle ed., Taylor and
Francis. 2009. p.74

86)　大西愛［編］『アーカイブ事典』大阪大学出版会、2003、p.19

87)　大西愛［編］『アーカイブ事典』大阪大学出版会、2003、p.116

88)　児玉優子「アーカイブズと動的映像アーカイブ ― 近くて遠い隣人？ ―」『アーカイブズ
学研究』第 11 巻、2009、p.75

89)　Bernard, Sheila Curran and Kenn Rabin. *Archival Storytelling: A Filmmaker's Guide
to Finding, Using, and Licensing Third-Party Visuals and Music.* Kindle ed., Taylor and
Francis. 2009. p.40

90)　Bernard, Sheila Curran and Kenn Rabin. *Archival Storytelling: A Filmmaker's Guide
to Finding, Using, and Licensing Third-Party Visuals and Music. Kindle ed.,* Taylor and
Francis. 2009. p.39

91)　Stewart, Phillip W.. *Warfilms. An Overview of Motion Pictures Within Military
Record Groups Held in the U.S. National Archives.* Kindle ed., Booklocker.com, Inc.
2014

92)　Bernard, Sheila Curran and Kenn Rabin. *Archival Storytelling: A Filmmaker's Guide
to Finding, Using, and Licensing Third-Party Visuals and Music.* Kindle ed., Taylor and
Francis. 2009. p.39

93)　矢野正隆「MLA におけるメディアの特性とアクセスに関する試論 ― 東京大学経済学部
資料室所蔵資料から ―」『アーカイブズ学研究』第 20 巻、2014、p.110

94)　Hoog, Emmanuel. *L'INA*. 2006. p.10

95)　大西愛［編］『アーカイブ事典』大阪大学出版会、2003、p.3

96)　大西愛［編］『アーカイブ事典』大阪大学出版会、2003、p.157

97)　大西愛［編］『アーカイブ事典』大阪大学出版会、2003、p.151

98)　Bernard, Sheila Curran and Kenn Rabin. *Archival Storytelling: A Filmmaker's Guide
to Finding, Using, and Licensing Third-Party Visuals and Music.* Kindle ed., Taylor and
Francis. 2009. p.36

99)　Bernard, Sheila Curran and Kenn Rabin. *Archival Storytelling: A Filmmaker's Guide
to Finding, Using, and Licensing Third-Party Visuals and Music.* Kindle ed., Taylor and
Francis. 2009. p.36

100)　Bernard, Sheila Curran and Kenn Rabin. *Archival Storytelling: A Filmmaker's Guide
to Finding, Using, and Licensing Third-Party Visuals and Music.* Kindle ed., Taylor and
Francis. 2009. p.36

101)　Edmondson, Ray. *Audiovisual Archiving: Philosophy and Principles. Third Edition.*
The United Nations Educational, Scientific and Cultural Organization. 2016. p.40

102）田窪直規「情報メディアを捉える枠組：図書館メディア、博物館メディア、文書館メディア等、多様な情報メディアの統合的構造化記述のための（アート・アーカイヴズ／ドキュメンテーション：アート資料の宇宙）」『Booklet』第 7 巻、2001、p.21

103）田窪直規「情報メディアを捉える枠組：図書館メディア、博物館メディア、文書館メディア等、多様な情報メディアの統合的構造化記述のための（アート・アーカイヴズ／ドキュメンテーション：アート資料の宇宙）」『Booklet』第 7 巻、2001、p.22

104）田窪直規「情報メディアを捉える枠組：図書館メディア、博物館メディア、文書館メディア等、多様な情報メディアの統合的構造化記述のための（アート・アーカイヴズ／ドキュメンテーション：アート資料の宇宙）」『Booklet』第 7 巻、2001、p.22

105）古賀崇「情報資源経営各論Ⅱ　MLA 連携」根本彰［編］『シリーズ図書館情報学 3　情報資源の社会制度と経営』東京大学出版会、2013、p.243

106）安江明夫「文化資源機関の保存マネジメント」日本図書館情報学会研究委員会［編］『図書館・博物館・文書館の連携（シリーズ図書館情報学のフロンティア 10)』勉誠出版、2010、p.63

107）大西愛［編］『アーカイブ事典』大阪大学出版会、2003、p.186

108）田窪直規「情報メディアを捉える枠組：図書館メディア、博物館メディア、文書館メディア等、多様な情報メディアの統合的構造化記述のための（アート・アーカイヴズ／ドキュメンテーション：アート資料の宇宙）」『Booklet』第 7 巻、2001、p.23

109）Fairbairn, Natasha, Maria Assunta Pimpinelli and Thelma Ross. *The FIAF Moving Image Cataloguing Manual*. Kindle ed., Indiana University Press. 2016.

110）Fairbairn, Natasha, Maria Assunta Pimpinelli and Thelma Ross. *The FIAF Moving Image Cataloguing Manual*. Kindle ed., Indiana University Press. 2016

111）文部科学省「動的映像の保護及び保存に関する勧告（仮訳）」 https://www.mext.go.jp/unesco/009/1387391.htm

112）Morgan, Jenny. *The Film Researcher's Handbook*. Kindle ed., Taylor and Francis. 2014.

113）Morgan, Jenny. *The Film Researcher's Handbook*. Kindle ed., Taylor and Francis. 2014.

114）Morgan, Jenny. *The Film Researcher's Handbook*. Kindle ed., Taylor and Francis. 2014.

115）国際博物館会議『イコム職業倫理規程　2004 年 10 月改訂』イコム日本委員会、2004、p.17

116）常石史子「フィルムアーカイブにおける映画の復元と保存」『デジタルアーカイブ学会誌』第 3 巻第 4 号、2019、p398

117）トマセン、テオ［著］石原一則［訳］「アーカイブズ学入門 A First Introduction to

Archival Science」『アーカイブズ学研究』第 2 巻、2005、p.7

118) ベルティーニ、マリア・バルバラ［著］最上良［訳］『アーカイブとは何か 石板から デジタル文書まで、イタリアの文書管理』法政大学出版局、2012、pp.21-22

119) トマセン、テオ［著］石原一則［訳］「アーカイブズ学入門 A First Introduction to Archival Science」『アーカイブズ学研究』第 2 巻、2005、p.8

120) Bernard, Sheila Curran and Kenn Rabin. *Archival Storytelling: A Filmmaker's Guide to Finding, Using, and Licensing Third-Party Visuals and Music*. Kindle ed., Taylor and Francis. 2009. p.6

121) Godard, Jean-Luc. *À bout de souffle*（『勝手にしやがれ』）1960

122) Porter, Edwin S.. *The Great Train Robbery*.（『大列車強盗』）1903

123) Bernard, Sheila Curran and Kenn Rabin. *Archival Storytelling: A Filmmaker's Guide to Finding, Using, and Licensing Third-Party Visuals and Music*. Kindle ed., Taylor and Francis. 2009. p.6

124) バーナウ、エリック［著］安原和見［訳］『ドキュメンタリー映画史』筑摩書房、2015、 p.191

125) https://www.youtube.com/watch?v=4hvtXuO5GzU

126) ゴダール、ジャン＝リュック［著］奥村昭夫［訳］『ゴダール全評論・全発言 I 1950-1967 リュミエール叢書 30』筑摩書房、1998、p.645

127) トマセン、テオ［著］石原一則［訳］「アーカイブズ学入門 A First Introduction to Archival Science」『アーカイブズ学研究』第 2 巻、2005、p.6

128) 檜山幸夫「アーカイブズとは何か」上代庸平［編］『アーカイブズ学要論』中京大学社 会科学研究所、2014、p.30

129) 上代庸平「学としてのアーカイブズ」上代庸平［編］『アーカイブズ学要論』中京大学 社会科学研究所、2014、p.49

130) 上代庸平「学としてのアーカイブズ」上代庸平［編］『アーカイブズ学要論』中京大学 社会科学研究所、2014、p.46

131) ゴダール、ジャン＝リュック［著］保苅瑞穂・蓮實重彦［訳］「アンリ・ラングロワの 功績だ」蓮實重彦［編］『リュミエール元年 —— ガブリエル・ヴェールと映画の歴史 リュ ミエール叢書 23』筑摩書房、1995、p.190

132) 国立映画アーカイブ「国立映画アーカイブの歴史」 https://www.nfaj.go.jp/aboutnfaj/ history/

133) ホロコースト博物館「ホロコーストの否定に対する戦い：ニュルンベルクで提出された ホロコーストの存在を示す証拠」『ホロコースト百科事典』 https://encyclopedia.ushmm. org/content/ja/article/combating-holocaust-denial-evidence-of-the-holocaust-presented-at-nuremberg

134) ЭсфирьШуб（Esther Shub）*Падение династии Романовых（The Fall of the Romanov Dynasty*『ロマノフ王朝の崩壊』）1927

135) Ophuls, Marcel. *Le chagrin et la pitié: Chronique d'une ville française sous l'occupation*（『悲しみと哀れみ —— 占領下のある町の年代記』）1969

136) バーナウ、エリック［著］安原和見［訳］『ドキュメンタリー映画史』筑摩書房、2015、p.286

137) バーナウ、エリック［著］安原和見［訳］『ドキュメンタリー映画史』筑摩書房、2015、p.347

138) Vecchione, Judith et al. *Vietnam: A Television History*（「ベトナム —— テレビでたどる歴史」）PBS. 1983

139) Hampton, Henry. *Eyes on the Prize: America's Civil Rights Years 1954-1965.*（『勝利を見すえて —— アメリカ公民権運動の歴史』）PBS. 1987 and Hampton, Henry. *Eyes on the Prize II: America at the Racial Crossroads 1965-1985.*（『勝利を見すえて —— アメリカ公民権運動の歴史 Ⅱ』）PBS. 1990.

140) Burns, Ken. *The Civil War.*（『南北戦争』）PBS. 1990

141) バーナウ、エリック［著］安原和見［訳］『ドキュメンタリー映画史』筑摩書房、2015、p.360

142) 日本放送協会『NHK スペシャル　映像の世紀』1995-1996

143) Rosenblatt, Jay. *Human Remains.*（『ヒューマン・リメインズ』）1998

144) Moore, Michael. *Fahrenheit 9/11.*（『華氏911』）2004

145) Brownlow, Kevin and David Gill. *Unknown Chaplin.*（『知られざるチャップリン』）ITV. 1983

146) バーナウ、エリック［著］安原和見［訳］『ドキュメンタリー映画史』筑摩書房、2015、p.353

147) Clooney, George. *Good Night, and Good Luck*（『グッドナイト＆グッドラック』）2005

148) 辻泰明『映像メディア論』和泉書院、2016、pp.98-99 参照。

149) Bernard, Sheila Curran and Kenn Rabin. *Archival Storytelling: A Filmmaker's Guide to Finding, Using, and Licensing Third-Party Visuals and Music.* Kindle ed., Taylor and Francis. 2009. p.243

150) 古賀崇「情報資源経営各論Ⅱ　MLA 連携」根本彰［編］『シリーズ図書館情報学3　情報資源の社会制度と経営』東京大学出版会、2013、p.243

151) 大西愛［編］『アーカイブ事典』大阪大学出版会、2003、p.131

152) Matuszewski, Boleslas, Laura U. Marks and Diane Koszarski "A New Source of History" *Film History*, Vol.7, No.3. 1995

153）　バーナウ、エリック［著］安原和見［訳］『ドキュメンタリー映画史』筑摩書房、2015、p.46

154）　Flaherty, Robert Joseph. *Nanook of the North*.（『極北のナヌーク』）（『極北の怪異』とも）1922

155）　Griffith, Richard. *The World of Robert Flaherty*. Gollancz. 1953. p.38

156）　Christopher, Robert J.. *Robert and Frances Flaherty: a documentary life, 1883-1922*. McGill-Queen's University Press. 2005. p.340

157）　ゴダール、ジャン＝リュック［著］奥村昭夫［訳］『ゴダール全評論・全発言 I　1950-1967 リュミエール叢書 30』筑摩書房、1998、p.132

158）　バーナウ、エリック［著］安原和見［訳］『ドキュメンタリー映画史』筑摩書房、2015、p.53

159）　Bernard, Sheila Curran and Kenn Rabin. *Archival Storytelling: A Filmmaker's Guide to Finding, Using, and Licensing Third-Party Visuals and Music*. Kindle ed., Taylor and Francis. 2009. p.143

160）　Fielding, Raymond. *The American Newsreel 1911-1967*. University of Oklahoma Press. 1972.

161）　Fielding, Raymond. *The American Newsreel 1911-1967*. University of Oklahoma Press. 1972.

162）　Fielding, Raymond. *The American Newsreel 1911-1967*. University of Oklahoma Press. 1972.

163）　Bernard, Sheila Curran and Kenn Rabin. *Archival Storytelling: A Filmmaker's Guide to Finding, Using, and Licensing Third-Party Visuals and Music*. Kindle ed., Taylor and Francis. 2009. p.19

164）　Morgan, Jenny. *The Film Researcher's Handbook*. Kindle ed., Taylor and Francis. 2014.

165）　Fielding, Raymond. *The American Newsreel 1911-1967*. University of Oklahoma Press. 1972.

166）　Fielding, Raymond. *The American Newsreel 1911-1967*. University of Oklahoma Press. 1972.

167）　Bernard, Sheila Curran and Kenn Rabin. *Archival Storytelling: A Filmmaker's Guide to Finding, Using, and Licensing Third-Party Visuals and Music*. Kindle ed., Taylor and Francis. 2009. p.19

168）　Bernard, Sheila Curran and Kenn Rabin. *Archival Storytelling: A Filmmaker's Guide to Finding, Using, and Licensing Third-Party Visuals and Music*. Kindle ed., Taylor and Francis. 2009. p.19

169)　バーナウ、エリック［著］安原和見［訳］『ドキュメンタリー映画史』筑摩書房、2015、p.134

170)　Glenn, Jack. *Inside Nazi Germany.*（『ナチス・ドイツの実態』）1938

171)　Bernard, Sheila Curran and Kenn Rabin. *Archival Storytelling: A Filmmaker's Guide to Finding, Using, and Licensing Third-Party Visuals and Music.* Kindle ed., Taylor and Francis. 2009. p.19

172)　バーナウ、エリック［著］安原和見［訳］『ドキュメンタリー映画史』筑摩書房、2015、p.225

173)　Bernard, Sheila Curran and Kenn Rabin. *Archival Storytelling: A Filmmaker's Guide to Finding, Using, and Licensing Third-Party Visuals and Music.* Kindle ed., Taylor and Francis. 2009. p.150

174)　Huston, John. *The Battle of San Pietro*（『サン・ピエトロの戦い』）1945

175)　Harris, Mark. *Five Came Back: A Story of Hollywood and the Second World War.* Penguin Group. Kindle ed., 2015. pp.281–282

176)　Bernard, Sheila Curran and Kenn Rabin. *Archival Storytelling: A Filmmaker's Guide to Finding, Using, and Licensing Third-Party Visuals and Music.* Kindle ed., Taylor and Francis. 2009. p.96

177)　日本放送協会『NHK スペシャル　パール・ハーバー　日米の運命を決めた日』1991

178)　Bernard, Sheila Curran and Kenn Rabin. *Archival Storytelling: A Filmmaker's Guide to Finding, Using, and Licensing Third-Party Visuals and Music.* Kindle ed., Taylor and Francis. 2009. p.56

179)　Truffaut, François Roland. *La Nuit Américaine.*（『映画に愛をこめて　アメリカの夜』）1973

180)　研谷紀夫「美術館・博物館と文化資源・震災資料に関するメタデータ」日本図書館情報学研究委員会［編］『わかる！　図書館情報学シリーズ第3巻　メタデータとウェブサービス』勉誠出版、2016、p.96

181)　杉本重雄「情報技術と図書館」杉本重雄［編］『現代図書館情報学シリーズ 3 図書館情報技術論』樹村房、2014、p.8

182)　研谷紀夫「美術館・博物館と文化資源・震災資料に関するメタデータ」日本図書館情報学研究委員会［編］『わかる！　図書館情報学シリーズ第3巻　メタデータとウェブサービス』勉誠出版、2016、p.93

183)　谷口祥一『メタデータの「現在」――情報組織化の新たな展開』勉誠出版、2010、p.28

184)　研谷紀夫「美術館・博物館と文化資源・震災資料に関するメタデータ」日本図書館情報学研究委員会［編］『わかる！　図書館情報学シリーズ第3巻　メタデータとウェブサービス』勉誠出版、2016、p.103

185） 研谷紀夫「美術館・博物館と文化資源・震災資料に関するメタデータ」日本図書館情報学研究委員会［編］『わかる！ 図書館情報学シリーズ第3巻　メタデータとウェブサービス』勉誠出版、2016、p.103

186） 研谷紀夫「美術館・博物館と文化資源・震災資料に関するメタデータ」日本図書館情報学研究委員会［編］『わかる！ 図書館情報学シリーズ第3巻　メタデータとウェブサービス』勉誠出版、2016、p.95

187） 谷口祥一『メタデータの「現在」── 情報組織化の新たな展開』勉誠出版、2010、pp.18-19

188） 安澤秀一『史料館・文書館学への道　記録・文書をどう残すか』吉川弘文館、1985、p.107

189） 辻恭平『事典映画の図書』凱風社、1989

190） Fairbairn, Natasha, Maria Assunta Pimpinelli and Thelma Ross. *The FIAF Moving Image Cataloguing Manual*. Kindle ed., Indiana University Press. 2016

191） Coco, Anne and Jenny Romero. "Documenting Cinema: The Evolution of the Film Librarian." *Journal of Film Preservation* 97, 10. 2017

192） Balkansky, Arlene et al. The AMIM Revision Committee. Motion Picture, Broadcasting, and Recorded Sound Division. *Archival Moving Image Materials: A Cataloging Manual Second Edition*. Library of Congress, Cataloging Distribution Service. 2000.

193） 谷口祥一『メタデータの「現在」──情報組織化の新たな展開』勉誠出版、2010、p.40

194） Fairbairn, Natasha, Maria Assunta Pimpinelli and Thelma Ross. *The FIAF Moving Image Cataloguing Manual*. Kindle ed., Indiana University Press. 2016

195） Fairbairn, Natasha, Maria Assunta Pimpinelli and Thelma Ross. *The FIAF Moving Image Cataloguing Manual*. Kindle ed., Indiana University Press. 2016

196） Fairbairn, Natasha, Maria Assunta Pimpinelli and Thelma Ross. *The FIAF Moving Image Cataloguing Manual*. Kindle ed., Indiana University Press. 2016

197） "Figure 3.1." Functional Requirements: final report および Fairbairn, Natasha, Maria Assunta Pimpinelli and Thelma Ross. *The FIAF Moving Image Cataloguing Manual*. Kindle ed., Indiana University Press. 2016 の図を元に作成。

198） Fairbairn, Natasha, Maria Assunta Pimpinelli and Thelma Ross. *The FIAF Moving Image Cataloguing Manual*. Kindle ed., Indiana University Press. 2016

199） 岡島尚志「国立映画アーカイブ：その現状と展望」2『デジタルアーカイブ学会誌』第3巻第4号、p.372

200） Fairbairn, Natasha, Maria Assunta Pimpinelli and Thelma Ross. *The FIAF Moving Image Cataloguing Manual*. Kindle ed., Indiana University Press. 2016

201） Fairbairn, Natasha, Maria Assunta Pimpinelli and Thelma Ross. *The FIAF*

Moving Image Cataloguing Manual. Kindle ed., Indiana University Press. 2016

202）Fairbairn, Natasha, Maria Assunta Pimpinelli and Thelma Ross. *The FIAF Moving Image Cataloguing Manual*. Kindle ed., Indiana University Press. 2016

203）Fairbairn, Natasha, Maria Assunta Pimpinelli and Thelma Ross. *The FIAF Moving Image Cataloguing Manual*. Kindle ed., Indiana University Press. 2016

204）Fairbairn, Natasha, Maria Assunta Pimpinelli and Thelma Ross. *The FIAF Moving Image Cataloguing Manual*. Kindle ed., Indiana University Press. 2016

205）Fairbairn, Natasha, Maria Assunta Pimpinelli and Thelma Ross. *The FIAF Moving Image Cataloguing Manual*. Kindle ed., Indiana University Press. 2016

206）Fairbairn, Natasha, Maria Assunta Pimpinelli and Thelma Ross. *The FIAF Moving Image Cataloguing Manual*. Kindle ed., Indiana University Press. 2016

207）Fairbairn, Natasha, Maria Assunta Pimpinelli and Thelma Ross. *The FIAF Moving Image Cataloguing Manual*. Kindle ed., Indiana University Press. 2016

208）溝口健二『ふるさと』日活 1930

209）東京国立近代美術館フィルムセンター『展覧会　映画遺産 ─ 東京国立近代美術館フィルムセンター・コレクションより─』東京国立近代美術館、2004、p.61

210）Bernard, Sheila Curran and Kenn Rabin. *Archival Storytelling: A Filmmaker's Guide to Finding, Using, and Licensing Third-Party Visuals and Music*. Kindle ed., Taylor and Francis. 2009. p.111

211）Bernard, Sheila Curran and Kenn Rabin. *Archival Storytelling: A Filmmaker's Guide to Finding, Using, and Licensing Third-Party Visuals and Music*. Kindle ed., Taylor and Francis. 2009. p.112

212）パース、チャールズ・サンダース［著］内田種臣［訳］『パース著作集 2 記号学』勁草書房、1994、p.12

213）脇阪豊・川島淳夫・高橋由美子［編著］『記号学小辞典』同学社、1992、p.16

214）メッツ、クリスチャン［著］浅沼圭司［監訳］『映画における意味作用に関する試論 ── 映画記号学の基本問題』水声社、2005、p.108

215）荻昌朗・梅棹忠夫「知的情報としての映像」梅棹忠夫［編］『博物館の世界』中央公論社、1980、p.79

216）生貝直人「ウェブサービス・プラットフォームの事例：ヨーロピアナとナショナルデジタルアーカイブ」日本図書館情報学研究委員会［編］『わかる！ 図書館情報学シリーズ第 3 巻　メタデータとウェブサービス』勉誠出版、2016、p.184

217）Fairbairn, Natasha, Maria Assunta Pimpinelli and Thelma Ross. *The FIAF Moving Image Cataloguing Manual*. Kindle ed., Indiana University Press. 2016

218）ボードウェル、デイヴィッド. クリスティン・トンプソン［著］藤木秀朗［監訳］『フィ

　　ルム・アート　映画芸術入門』名古屋大学出版会、2015、p.106

219）　ボードウェル、デイヴィッド . クリスティン・トンプソン［著］藤木秀朗［監訳］『フィ
　　ルム・アート　映画芸術入門』名古屋大学出版会、2015、p.106

220）　FIAT/IFTA. *Recommended Standards and Procedures of Selection and Preservation
　　of Television Programme Material.* Fédération Internationale des Archives de Télévision/
　　International Federation of Television Archives. 1996

221）　ボードウェル、デイヴィッド . クリスティン・トンプソン［著］藤木秀朗［監訳］『フィ
　　ルム・アート　映画芸術入門』名古屋大学出版会、2015、p.104

222）　ボードウェル、デイヴィッド . クリスティン・トンプソン［著］藤木秀朗［監訳］『フィ
　　ルム・アート　映画芸術入門』名古屋大学出版会、2015、p.104

223）　Trousdale, Gary and Kirk Wise. *Beauty and the Beast*（『美女と野獣』）1991

224）　大友克洋『AKIRA』1988

225）　ボードウェル、デイヴィッド . クリスティン・トンプソン［著］藤木秀朗［監訳］『フィ
　　ルム・アート　映画芸術入門』名古屋大学出版会、2015、p.105

226）　ボードウェル、デイヴィッド . クリスティン・トンプソン［著］藤木秀朗［監訳］『フィ
　　ルム・アート　映画芸術入門』名古屋大学出版会、2015、p.107

227）　ボードウェル、デイヴィッド . クリスティン・トンプソン［著］藤木秀朗［監訳］『フィ
　　ルム・アート　映画芸術入門』名古屋大学出版会、2015、p.111

228）　谷口祥一『メタデータの「現在」──情報組織化の新たな展開』勉誠出版、2010、p.23

229）　Fairbairn, Natasha, Maria Assunta Pimpinelli and Thelma Ross. *The FIAF
　　Moving Image Cataloguing Manual.* Kindle ed., Indiana University Press. 2016

230）　Kofler, Birgit. *Legal Questions Facing Audiovisual Archives.* United Nations
　　Educational Scientific and Cultural Organization. 1991. p.3

231）　辻泰明『昭和期放送メディア論』和泉書院、2018、pp.78-79

232）　石川研「生成期日本の地上波テレビ放送と輸入コンテンツ」『社会経済史学』2005 年
　　11 月号、pp.49-70 や古田尚輝「テレビジョン放送における『映画』の変遷」『成城文藝』第
　　196 号、2006、pp.266（1）-213（54）などの研究がある。

233）　著作権法第二条一。「著作権関係法令」文化庁『著作権法入門 2019-2020』公益社団法
　　人著作権情報センター、2019、p.(5)

234）　著作権法　昭和四十五年法律第四十八号　施行日：令和二年四月二十八日　最終更新：
　　平成三十年七月十三日公布（平成三十年法律第七十二号）改正、e-Gov 電子政府の総合窓口
　　https://elaws.e-gov.go.jp/search/elawsSearch/elaws_search/lsg0500/detail?lawId=345
　　AC0000000048#5.

235）　文化庁『著作権法入門 2019-2020』公益社団法人著作権情報センター、2019、p.15

236）　山本隆司『アメリカ著作権法の基礎知識　第 2 版』太田出版、2008、p.25

237) 文化庁『著作権法入門 2019-2020』公益社団法人著作権情報センター、2019、p.4 掲載の図を元に作成。元図とは人格権と財産権の位置を入れ換えてある。

238) 福井健策［編］内藤篤・升本喜郎［著］『映画・ゲームビジネスの著作権　第 2 版』公益社団法人著作権情報センター、2015、p.134

239) 文化庁『著作権法入門 2019-2020』公益社団法人著作権情報センター、2019、p.19

240) 文化庁『著作権法入門 2019-2020』公益社団法人著作権情報センター、2019、pp.20-21

241) 文化庁『著作権法入門 2019-2020』公益社団法人著作権情報センター、2019、p.21

242) 文化庁『著作権法入門 2019-2020』公益社団法人著作権情報センター、2019、p.21

243) 文化庁『著作権法入門 2019-2020』公益社団法人著作権情報センター、2019、p.21

244) 二瓶和紀・宮田ただし『映像の著作権』Kindle 版、太田出版、2014

245) 加藤厚子「映画関連企業資料の現状と問題点」『アーカイブズ学研究』第 8 巻、2008、p.22

246) Bernard, Sheila Curran and Kenn Rabin. *Archival Storytelling: A Filmmaker's Guide to Finding, Using, and Licensing Third-Party Visuals and Music.* Kindle ed., Taylor and Francis. 2009. p.164

247) 二瓶和紀・宮田ただし『映像の著作権』Kindle 版、太田出版、2014

248) Dalton, Susan. "Moving Images: Conservation and Preservation." in *Conserving and Preserving Material in NonBook Format Allerton Park Institute Proceedings* (1988), 1991, p.61

249) Dickson, William Kennedy Laurie. *Fred Ott's Sneeze.*（『フレッド・オットのくしゃみ』）1894

250) Bernard, Sheila Curran and Kenn Rabin. *Archival Storytelling: A Filmmaker's Guide to Finding, Using, and Licensing Third-Party Visuals and Music.* Kindle ed., Taylor and Francis. 2009. p.16

251) 文化庁『著作権法入門 2019-2020』公益社団法人著作権情報センター、2019、p.29

252) 福井健策［編］内藤篤・升本喜郎［著］『映画・ゲームビジネスの著作権　第 2 版』公益社団法人著作権情報センター、2015、p.205

253) 二瓶和紀・宮田ただし『映像の著作権』Kindle 版、太田出版、2014

254) 文化庁『著作権法入門 2019-2020』公益社団法人著作権情報センター、2019、p.127

255) ただし、通常の実務では、実演家は、多くの場合、映画の二次利用を考慮した対価の条件を交渉しているという。前掲書 p.49 参照。

256) 文化庁『著作権法入門 2019-2020』公益社団法人著作権情報センター、2019、p.50

257) 山本隆司『アメリカ著作権法の基礎知識　第 2 版』太田出版、2008、p.84

258) 二瓶和紀・宮田ただし『映像の著作権』Kindle 版、太田出版、2014

259) 福井健策［編］内藤篤・升本喜郎［著］『映画・ゲームビジネスの著作権　第 2 版』公

益社団法人著作権情報センター、2015、p.236

260） 福井健策［編］内藤篤・升本喜郎［著］『映画・ゲームビジネスの著作権　第2版』公
益社団法人著作権情報センター、2015、pp.237

261） 二瓶和紀・宮田ただし『映像の著作権』Kindle 版、太田出版、2014

262） 二瓶和紀・宮田ただし『映像の著作権』Kindle 版、太田出版、2014

263） 文化庁『著作権法入門 2019-2020』公益社団法人著作権情報センター、2019、p.6

264） 文化庁『著作権法入門 2019-2020』公益社団法人著作権情報センター、2019、p.6

265） 文化庁『著作権法入門 2019-2020』公益社団法人著作権情報センター、2019、p.23

266） 文化庁『著作権法入門 2019-2020』公益社団法人著作権情報センター、2019、p.24

267） 辻泰明『映像メディア論』和泉書院、2016、p.ⅰほか参照。

268） 福井健策［編］内藤篤・升本喜郎［著］『映画・ゲームビジネスの著作権　第2版』公
益社団法人著作権情報センター、2015、p.64

269） 文化庁『著作権法入門 2019-2020』公益社団法人著作権情報センター、2019、p.19

270） 文化庁『著作権法入門 2019-2020』公益社団法人著作権情報センター、2019、p.19

271） 福井健策［編］内藤篤・升本喜郎［著］『映画・ゲームビジネスの著作権　第2版』公
益社団法人著作権情報センター、2015、p.55

272） 二瓶和紀・宮田ただし『映像の著作権』Kindle 版、太田出版、2014

273） 二瓶和紀・宮田ただし『映像の著作権』Kindle 版、太田出版、2014

274） 二瓶和紀・宮田ただし『映像の著作権』Kindle 版、太田出版、2014

275） Bernard, Sheila Curran and Kenn Rabin. *Archival Storytelling: A Filmmaker's Guide
to Finding, Using, and Licensing Third-Party Visuals and Music*. Kindle ed., Taylor and
Francis. 2009. p.177

276） Bernard, Sheila Curran and Kenn Rabin. *Archival Storytelling: A Filmmaker's Guide
to Finding, Using, and Licensing Third-Party Visuals and Music*. Kindle ed., Taylor and
Francis. 2009. p.160

277） Bernard, Sheila Curran and Kenn Rabin. *Archival Storytelling: A Filmmaker's Guide
to Finding, Using, and Licensing Third-Party Visuals and Music*. Kindle ed., Taylor and
Francis. 2009. p.243

278） 岡本薫『著作権の考え方』岩波書店、2003、p.103

279） 山本隆司『アメリカ著作権法の基礎知識　第2版』太田出版、2008、p.86

280） Bernard, Sheila Curran and Kenn Rabin. *Archival Storytelling: A Filmmaker's Guide
to Finding, Using, and Licensing Third-Party Visuals and Music*. Kindle ed., Taylor and
Francis. 2009. p.261

281） 五十嵐清『人格権法概説』有斐閣、2003、p.ⅰ

282） 五十嵐清『人格権法概説』有斐閣、2003、p.ⅰ

283)　ディザード、ウィルソン・P［著］津川秀夫［訳］『世界のテレビジョン』現代ジャーナリズム出版会、1968、p.6

284)　二瓶和紀・宮田ただし『映像の著作権』Kindle 版、太田出版、2014

285)　二瓶和紀・宮田ただし『映像の著作権』Kindle 版、太田出版、2014

286)　二瓶和紀・宮田ただし『映像の著作権』Kindle 版、太田出版、2014

287)　福井健策［編］内藤篤・升本喜郎［著］『映画・ゲームビジネスの著作権　第 2 版』公益社団法人著作権情報センター、2015、p.142

288)　二瓶和紀・宮田ただし『映像の著作権』Kindle 版、太田出版、2014

289)　Bernard, Sheila Curran and Kenn Rabin. *Archival Storytelling: A Filmmaker's Guide to Finding, Using, and Licensing Third-Party Visuals and Music.* Kindle ed., Taylor and Francis. 2009. pp.181-182

290)　Bernard, Sheila Curran and Kenn Rabin. *Archival Storytelling: A Filmmaker's Guide to Finding, Using, and Licensing Third-Party Visuals and Music.* Kindle ed., Taylor and Francis. 2009. p.12

291)　Morgan, Jenny. *The Film Researcher's Handbook.* Kindle ed., Taylor and Francis. 2014.

292)　岡本薫『著作権の考え方』岩波書店、2003、p.91

293)　福井健策『改訂版　著作権とは何か　文化と創造のゆくえ』集英社、2020、p.109

294)　岡本薫『著作権の考え方』岩波書店、2003、p.168

295)　山本隆司『アメリカ著作権法の基礎知識　第 2 版』太田出版、2008、p.188

296)　文化庁『著作権法入門 2019-2020』公益社団法人著作権情報センター、2019、p.3

297)　福井健策『改訂版　著作権とは何か　文化と創造のゆくえ』集英社、2020、pp.135-136

298)　岡本薫『著作権の考え方』岩波書店、2003、pp.84-85

299)　Morgan, Jenny. *The Film Researcher's Handbook.* Kindle ed., Taylor and Francis. 2014.

300)　Morgan, Jenny. *The Film Researcher's Handbook.* Kindle ed., Taylor and Francis. 2014.

301)　バーナウ、エリック［著］安原和見［訳］『ドキュメンタリー映画史』筑摩書房、2015、p.347

302)　AMIA のサイト https://amianet.org/about/history/ より。

303)　Harrison, Helen P.. *Curriculum development for the training of personnel in moving image and recorded sound archives.* United Nations Educational, Scientific and Cultural Organization 1990

304)　石原香絵「世界／日本の映像アーカイブ事情」新井一寛ほか［編］『映像にやどる宗教、宗教をうつす映像』せりか書房、2011、p.238

305）日本放送協会『NHK スペシャル　映像の世紀』（全 11 集）1995-1996

306）日本放送協会『NHK スペシャル　カラー映像記録　昭和の戦争と平和』2003

307）三枝源次郎『千人針』大日本天然色映画 1937

308）NARA のサイト Researchers Specializing in Motion Picture, Sound, and Video Recordings を参照。https://www.archives.gov/research/hire

309）Bernard, Sheila Curran and Kenn Rabin. *Archival Storytelling: A Filmmaker's Guide to Finding, Using, and Licensing Third-Party Visuals and Music*. Kindle ed., Taylor and Francis. 2009. p .57

310）Bernard, Sheila Curran and Kenn Rabin. *Archival Storytelling: A Filmmaker's Guide to Finding, Using, and Licensing Third-Party Visuals and Music*. Kindle ed., Taylor and Francis. 2009. p.57

311）大西愛［編］『アーカイブ事典』大阪大学出版会、2003、p.80

312）Bernard, Sheila Curran and Kenn Rabin. *Archival Storytelling: A Filmmaker's Guide to Finding, Using, and Licensing Third-Party Visuals and Music*. Kindle ed., Taylor and Francis. 2009. p.89

313）Morgan, Jenny. *The Film Researcher's Handbook*. Kindle ed., Taylor and Francis. 2014.

314）Bernard, Sheila Curran and Kenn Rabin. *Archival Storytelling: A Filmmaker's Guide to Finding, Using, and Licensing Third-Party Visuals and Music*. Kindle ed., Taylor and Francis. 2009. p.27 and p.38

315）Bernard, Sheila Curran and Kenn Rabin. *Archival Storytelling: A Filmmaker's Guide to Finding, Using, and Licensing Third-Party Visuals and Music*. Kindle ed., Taylor and Francis. 2009. p.27

316）Bernard, Sheila Curran and Kenn Rabin. *Archival Storytelling: A Filmmaker's Guide to Finding, Using, and Licensing Third-Party Visuals and Music*. Kindle ed., Taylor and Francis. 2009. p.33

317）Bernard, Sheila Curran and Kenn Rabin. *Archival Storytelling: A Filmmaker's Guide to Finding, Using, and Licensing Third-Party Visuals and Music*. Kindle ed., Taylor and Francis. 2009. p.82

318）Bernard, Sheila Curran and Kenn Rabin. *Archival Storytelling: A Filmmaker's Guide to Finding, Using, and Licensing Third-Party Visuals and Music*. Kindle ed., Taylor and Francis. 2009. p.63

319）Morgan, Jenny. *The Film Researcher's Handbook*. Kindle ed., Taylor and Francis. 2014.

320）福井健策［編］内藤篤・升本喜郎［著］『映画・ゲームビジネスの著作権　第 2 版』公

益社団法人著作権情報センター、2015、p.55

321）　文化庁『著作権法入門 2019-2020』公益社団法人著作権情報センター、2019、p.80

322）　Morgan, Jenny. *The Film Researcher's Handbook*. Kindle ed., Taylor and Francis. 2014.

323）　文化庁『著作権法入門 2019-2020』公益社団法人著作権情報センター、2019、p.4 の図を元に作成。

324）　福井健策［編］内藤篤・升本喜郎［著］『映画・ゲームビジネスの著作権　第 2 版』公益社団法人著作権情報センター、2015、p.67

325）　二瓶和紀・宮田ただし『映像の著作権』Kindle 版、太田出版、2014

326）　Morgan, Jenny. *The Film Researcher's Handbook*. Kindle ed., Taylor and Francis. 2014.

327）　Morgan, Jenny. *The Film Researcher's Handbook*. Kindle ed., Taylor and Francis. 2014.

328）　Bernard, Sheila Curran and Kenn Rabin. *Archival Storytelling: A Filmmaker's Guide to Finding, Using, and Licensing Third-Party Visuals and Music*. Kindle ed., Taylor and Francis. 2009. p.165

329）　Morgan, Jenny. *The Film Researcher's Handbook*. Kindle ed., Taylor and Francis. 2014.

330）　福井健策［編］内藤篤・升本喜郎［著］『映画・ゲームビジネスの著作権　第 2 版』公益社団法人著作権情報センター、2015、p.100

331）　福井健策［編］内藤篤・升本喜郎［著］『映画・ゲームビジネスの著作権　第 2 版』公益社団法人著作権情報センター、2015、p.247

332）　Bernard, Sheila Curran and Kenn Rabin. *Archival Storytelling: A Filmmaker's Guide to Finding, Using, and Licensing Third-Party Visuals and Music*. Kindle ed., Taylor and Francis. 2009. p.176

333）　Bernard, Sheila Curran and Kenn Rabin. *Archival Storytelling: A Filmmaker's Guide to Finding, Using, and Licensing Third-Party Visuals and Music*. Kindle ed., Taylor and Francis. 2009. p.192

334）　Bernard, Sheila Curran and Kenn Rabin. *Archival Storytelling: A Filmmaker's Guide to Finding, Using, and Licensing Third-Party Visuals and Music*. Kindle ed., Taylor and Francis. 2009. p.194

335）　Bernard, Sheila Curran and Kenn Rabin. *Archival Storytelling: A Filmmaker's Guide to Finding, Using, and Licensing Third-Party Visuals and Music*. Kindle ed., Taylor and Francis. 2009. p.8

336）　Bernard, Sheila Curran and Kenn Rabin. *Archival Storytelling: A Filmmaker's Guide*

to Finding, Using, and Licensing Third-Party Visuals and Music.* Kindle ed., Taylor and
Francis. 2009. p.224

337) Bernard, Sheila Curran and Kenn Rabin. *Archival Storytelling: A Filmmaker's Guide
to Finding, Using, and Licensing Third-Party Visuals and Music.* Kindle ed., Taylor and
Francis. 2009. p.165

338) Bernard, Sheila Curran and Kenn Rabin. *Archival Storytelling: A Filmmaker's Guide
to Finding, Using, and Licensing Third-Party Visuals and Music.* Kindle ed., Taylor and
Francis. 2009. p.211

339) 公益社団法人著作権情報センターのウェブサイトにおける「著作権データベース　外国
著作権法　アメリカ編」による。https://www.cric.or.jp/db/world/america/america_c1a.
html#107

340) Bernard, Sheila Curran and Kenn Rabin. *Archival Storytelling: A Filmmaker's Guide
to Finding, Using, and Licensing Third-Party Visuals and Music.* Kindle ed., Taylor and
Francis. 2009. p.212

341) 岡本薫『著作権の考え方』岩波書店、2003、p.88

342) 岡本薫『著作権の考え方』岩波書店、2003、p.88

343) Bernard, Sheila Curran and Kenn Rabin. *Archival Storytelling: A Filmmaker's Guide
to Finding, Using, and Licensing Third-Party Visuals and Music.* Kindle ed., Taylor and
Francis. 2009. p.221

344) Morgan, Jenny. *The Film Researcher's Handbook.* Kindle ed., Taylor and Francis.
2014. Fair use/fair dealing

345) O'Reilly, Tim. "What Is Web 2.0: Design Patterns and Business Models for the
Next Generation of Software." 30 September 2005, https://www.oreilly.com/pub/a/
web2/archive/what-is-web-20.html.
日本語ページは、https://japan.cnet.com/article/20090039/.

346) McKee, Alan. "YouTube versus the National Film and Sound Archive: Which is
the More Useful Resource for Historians of Australian Television?" *Television & New
Media* 12 (2), 2011

347) McKee, Alan. "YouTube versus the National Film and Sound Archive: Which Is
the More Useful Resource for Historians of Australian Television?" *Television & New
Media* 12 (2), 2011

348) Fisher, Alyssa and Louisa Ha. "What Do Digital Natives Watch on YouTube?"
The Audience and Business of YouTube and Online Videos, edited by Louisa Ha,
Kindle ed., Lexington Books, 2018

349) McKee, Alan. "YouTube versus the National Film and Sound Archive: Which Is

the More Useful Resource for Historians of Australian Television?" *Television & New Media* 12（2）, 2011

350）Stvilia, Besiki, Michael B. Twidale, Linda C. Smith, and Les Gasser. "Information quality work organization in Wikipedia" *Journal of the American Society for Information Science and Technology* 59: 983-1001, 2008, Rahman, Mohammad M. "An analysis of Wikipedia." *Journal of Information Technology Theory and Application* 9（3）: 81-98, 2008., Korfiatis, Nikoloas T., Marios Poulos, and George Bokos. "Evaluating authoritative sources using social networks: An insight from Wikipedia." *Online Information Review* 30: 252-62, 2006 などの研究がある。

351）Fallis, Don. "Toward an epistemology of Wikipedia." *Journal of the American Society for Information Science and Technology* 59: 1662-74, 2008. PDF. p.19

352）Fallis, Don. "Toward an epistemology of Wikipedia." *Journal of the American Society for Information Science and Technology* 59: 1662-74, 2008. PDF. p.28

353）ケテラール、エリック「未来の時は過去の時のなかに　21 世紀のアーカイブズ学」『アーカイブズ学研究』第 1 巻、2004、p.13

354）ケテラール、エリック「未来の時は過去の時のなかに　21 世紀のアーカイブズ学」『アーカイブズ学研究』第 1 巻、2004、p.13

355）ケテラール、エリック「未来の時は過去の時のなかに　21 世紀のアーカイブズ学」『アーカイブズ学研究』第 1 巻、2004、p.13

356）ケテラール、エリック「未来の時は過去の時のなかに　21 世紀のアーカイブズ学」『アーカイブズ学研究』第 1 巻、2004、p.11

357）Matuszewski, Boleslas, Laura U. Marks and Diane Koszarski "A New Source of History" *Film History*, Vol.7, No.3. 1995

358）辻泰明『インターネット動画メディア論』大学教育出版、2019、p.106

359）東京国立近代美術館フィルムセンターのウェブサイトに掲載の日本語版 FIAF70 周年記念マニフェスト「映画フィルムをすてないで！」 http://www.momat.go.jp/fc/aboutnfc/fiaf70thmanifesto/ より。

360）二瓶和紀・宮田ただし『映像の著作権』Kindle 版、太田出版、2014

361）Bernard, Sheila Curran and Kenn Rabin. *Archival Storytelling: A Filmmaker's Guide to Finding, Using, and Licensing Third-Party Visuals and Music.* Kindle ed., Taylor and Francis. 2009. p.161

362）Bernard, Sheila Curran and Kenn Rabin. *Archival Storytelling: A Filmmaker's Guide to Finding, Using, and Licensing Third-Party Visuals and Music.* Kindle ed., Taylor and Francis. 2009. p.195

363）Bernard, Sheila Curran and Kenn Rabin. *Archival Storytelling: A Filmmaker's Guide* to Finding, Using, and Licensing Third-Party Visuals and Music. Kindle ed., Taylor and Francis. 2009. p.202

364）　山本隆司『アメリカ著作権法の基礎知識　第2版』太田出版、2008、p.252

365）　二瓶和紀・宮田ただし『映像の著作権』Kindle 版、太田出版、2014

366）　Bernard, Sheila Curran and Kenn Rabin. *Archival Storytelling: A Filmmaker's Guide to Finding, Using, and Licensing Third-Party Visuals and Music*. Kindle ed., Taylor and Francis. 2009. p.198

367）　クリエイティブ・コモンズ・ジャパン（CCJP）（活動母体：特定非営利活動法人　コモンスフィア）のウェブサイト https://creativecommons.jp/licenses/ より。

368）　クリエイティブ・コモンズ・ジャパン（CCJP）（活動母体：特定非営利活動法人　コモンスフィア）のウェブサイト https://creativecommons.jp/licenses/ より。

369）　Bernard, Sheila Curran and Kenn Rabin. *Archival Storytelling: A Filmmaker's Guide to Finding, Using, and Licensing Third-Party Visuals and Music*. Kindle ed., Taylor and Francis. 2009. p.195

370）　山本隆司『アメリカ著作権法の基礎知識　第2版』太田出版、2008、p.177

371）　Bernard, Sheila Curran and Kenn Rabin. *Archival Storytelling: A Filmmaker's Guide to Finding, Using, and Licensing Third-Party Visuals and Music*. Kindle ed., Taylor and Francis. 2009. p.178

372）　Bernard, Sheila Curran and Kenn Rabin. *Archival Storytelling: A Filmmaker's Guide to Finding, Using, and Licensing Third-Party Visuals and Music*. Kindle ed., Taylor and Francis. 2009. p.77

373）　グリーン、A・マーク「米国の大学における機関アーカイブ及び手稿コレクションへのアクセス」小川千代子・小出いずみ［編］『アーカイブへのアクセス 日本の経験、アメリカの経験』日本アソシエーツ、2008、p.134

374）　岡島尚志「映画遺産の保存 ― 今そこにある危機」『現代の図書館』第34巻第3号、1996、pp142-144

375）　檜山幸夫「アーカイブズ学とは何か」上代庸平［編］『アーカイブズ学要論』中京大学社会科学研究所、2014、p.12

376）　トリノ観光局コミュニケーション部門『トリノ　ポケットガイド』2016、p.23

377）　バーナウ、エリック［著］安原和見［訳］『ドキュメンタリー映画史』筑摩書房、2015、p.347

378）　デリダ、ジャック［著］福本修［訳］『アーカイヴの病　フロイトの印象』法政大学出版局、2010、p.52

379）　デリダ、ジャック［著］福本修［訳］『アーカイヴの病　フロイトの印象』法政大学出版局、2010、p.7

380)　ベルティーニ，マリア・バルバラ［著］最上良［訳］『アーカイブとは何か　石板から
　　　デジタル文書まで、イタリアの文書管理』法政大学出版局、2012、p.90

参考資料

[英文および仏文・著者名アルファベット順]

Balkansky, Arlene et al. The AMIM Revision Committee. Motion Picture, Broadcasting, and Recorded Sound Division. *Archival Moving Image Materials: A Cataloging Manual Second Edition*. Library of Congress, Cataloging Distribution Service. 2000.

Barry, Iris. "Why Wait for Posterity?" *Hollywood Quarterly* 1 (2):131-137. 1946

Bernard, Sheila Curran and Kenn Rabin. *Archival Storytelling: A Filmmaker's Guide to Finding, Using, and Licensing Third-Party Visuals and Music*. Kindle ed., Taylor and Francis. 2009.

Butler, Ivan. *To Encourage the Art of the Film*. Robert Hale & Company. 1971.

Campagnoni, Donata Pesenti and Nicoletta Pacini Eds..National *Cinema Museum Turin: The Visitors Guide*. Silvana Editoriale, 2016

Christopher, Robert J.. *Robert and Frances Flaherty: a documentary life, 1883-1922*. McGill-Queen's University Press. 2005

Coco, Anne and Jenny Romero. "Documenting Cinema: The Evolution of the Film Librarian." *Journal of Film Preservation* 97, 10. 2017

Dalton, Susan. "Moving Images: Conservation and Preservation." in *Conserving and Preserving Material in Non Book Format Allerton Park Institute Proceedings* (1988), 1991

Edmondson, Ray. *Audiovisual Archiving: Philosophy and Principles. Third Edition*. The United Nations Educational, Scientific and Cultural Organization. 2016.

Fairbairn, Natasha, Maria Assunta Pimpinelli and Thelma Ross. *The FIAF Moving Image Cataloguing Manual*. Kindle ed., Indiana University Press. 2016.

Fallis, Don. "Toward an epistemology of Wikipedia." *Journal of the American Society for Information Science and Technology* 59:1662-74, 2008.

FIAT/IFTA. *Recommended Standards and Procedures of Selection and Preservation of Television Programme Material*. Fédération Internationale des Archives de Télévision/International Federation of Television Archives. 1996

Fielding, Raymond. *The American Newsreel 1911-1967*. University of Oklahoma Press. 1972

Fisher, Alyssa and Louisa Ha. "What Do Digital Natives Watch on YouTube?" *The Audience and Business of YouTube and Online Videos*, edited by Louisa Ha, Kindle ed., Lexington Books, 2018

Griffith, Richard. *The World of Robert Flaherty*. Gollancz. 1953.

Harris, Mark. *Five Came Back: A Story of Hollywood and the Second World War*. Penguin Group. Kindle ed., 2015

Harrison, Helen P.. *Curriculum development for the training of personnel in moving image and recorded sound archives*. United Nations Educational, Scientific and Cultural Organization 1990

Henson, Bruce "Iris Barry: American Film Archive Pioneer" *Katharine Sharp Review* no. 004, Winter, 1997

Hoog, Emmanuel. *L'INA*. Press Universitaires de France. 2006

Houston, Penelope. *Keepers of the Frame: The Film Archives*. British Film Institute. 1994

Kofler, Birgit. *Legal Questions Facing Audiovisual Archives*. United Nations Educational, Scientific and Cultural Organization. 1991

Korfiatis, Nikoloas T., Marios Poulos, and George Bokos. "Evaluating authoritative sources using social networks: An insight from Wikipedia." *Online Information Review* 30:252–62, 2006.

Kula, Sam. *Appraising Moving Images: Assessing the Archival and Monetary Value of Film and Video Records*. Scarecrow. 2003.

Matuszewski, Boleslas, Laura U. Marks and Diane Koszarski "A New Source of History" *Film History*, Vol.7, No.3. 1995

McKee, Alan. "YouTube versus the National Film and Sound Archive: Which Is the More Useful Resource for Historians of Australian Television?" *Television & New Media* 12 (2), 2011

Morgan, Jenny. *The Film Researcher's Handbook*. Kindle ed., Taylor and Francis. 2014.

Muller, Samuel, J.A. Feith and R. Fruin *Manual for the Arrangement and Description of Archives*. Translated by Leavitt, Arthur H., Second Ed., The Society of American Archives. 2003

Rahman, Mohammad M. "An analysis of Wikipedia." *Journal of Information Technology Theory and Application* 9 (3): 81–98, 2008.

Slide, Anthony. *Nitrate Won't Wait A History of Film Preservation in the United States*. Kindle ed. McFarland & Company, Inc., Publishers. 1992

Stewart, Phillip W.. *Warfilms. An Overview of Motion Pictures Within Military Record Groups Held in the U.S. National Archives*. Kindle ed., Booklocker.com, Inc. 2014

Stvilia, Besiki, Michael B. Twidale, Linda C. Smith, and Les Gasser. "Information quality work organization in Wikipedia." *Journal of the American Society for Information Science and Technology* 59:983-1001, 2008

Usai, Paolo Cherchi. *Silent Cinema A Guide to Study, Research and Curatorship Third Edition*. Bloomsbury Publishing. Kindle ed. 2019

[和文・著者名五十音順]

五十嵐清『人格権法概説』有斐閣、2003

生貝直人「ウェブサービス・プラットフォームの事例：ヨーロピアナとナショナルデジタルアーカイブ」日本図書館情報学研究委員会［編］『わかる！ 図書館情報学シリーズ第3巻　メタデータとウェブサービス』勉誠出版、2016

石川徹也ほか［編］『つながる図書館・博物館・文書館　デジタル化時代の知の基盤づくりへ』東京大学出版会、2011

石原香絵「世界／日本の映像アーカイブ事情」新井一寛ほか［編］『映像にやどる宗教、宗教をうつす映像』せりか書房、2011

石原香絵『日本におけるフィルムアーカイブ活動史』美学出版、2018

梅棹忠夫『メディアとしての博物館』平凡社、1987

大西愛［編］『アーカイブ事典』大阪大学出版会、2003

岡島尚志「映画遺産の保存 ― 今そこにある危機」『現代の図書館』第34巻第3号、1996

岡島尚志「国立映画アーカイブ：その現状と展望」2『デジタルアーカイブ学会誌』第3巻第4号、pp.370-374、2019

岡本薫『著作権の考え方』岩波書店、2003

荻昌朗・梅棹忠夫「知的情報としての映像」梅棹忠夫［編］『博物館の世界』中央公論社、1980

加藤厚子「映画関連企業資料の現状と問題点」『アーカイブズ学研究』第8巻、2008

グリーン、A・マーク「米国の大学における機関アーカイブ及び手稿コレクションへのアクセス」小川千代子・小出いずみ［編］『アーカイブへのアクセス 日本の経験、アメリカの経験』日本アソシエーツ、2008

ケテラール、エリック「未来の時は過去の時のなかに　21世紀のアーカイブズ学」『アーカイブズ学研究』第1巻、2004

古賀崇「総論：アーカイブズをいかに位置づけるか：日本の現状からのレビュー」『情報の科学と技術』第62巻第10号、2012

古賀崇「情報資源経営各論Ⅱ　公文書館」根本彰［編］『シリーズ図書館情報学3　情報資源の社会制度と経営』東京大学出版会、2013

古賀崇「情報資源経営各論Ⅱ　MLA連携」根本彰［編］『シリーズ図書館情報学3　情報資源の社会制度と経営』東京大学出版会、2013

国際博物館会議『イコム職業倫理規程　2004年10月改訂』イコム日本委員会、2004

ゴダール、ジャン＝リュック［著］保苅瑞穂・蓮實重彦［訳］「アンリ・ラングロワの功績だ」蓮實重彦［編］『リュミュール元年　— ガブリエル・ヴェールと映画の歴史　リュミエール叢書23』筑摩書房、1995

ゴダール、ジャン＝リュック［著］奥村昭夫［訳］『ゴダール全評論・全発言Ⅰ　1950-1967　リュミエール叢書30』筑摩書房、1998

児玉優子「米国の動態画像アーカイブ」『レコード・マネジメント』第52号、2006

児玉優子「アーカイブズと動的映像アーカイブ—近くて遠い隣人？—」『アーカイブズ学研究』第11号、2009

上代庸平「学としてのアーカイブズ」上代庸平［編］『アーカイブズ学要論』中京大学社会科学研究所、2014

杉本重雄［編］『現代図書館情報学シリーズ3 図書館情報技術論』樹村房、2014

田窪直規「情報メディアをとらえる枠組：書館メディア、博物館メディア、文書館メディア等、多様な情報メディアの統合的構造化記述のための（アート・アーカイヴズ／ドキュメンテーション：アート資料の宇宙）」『Booklet』第7巻、2001

谷口祥一『メタデータの「現在」——情報組織化の新たな展開』勉誠出版、2010

辻恭平『事典映画の図書』凱風社、1989

常石史子「フィルムアーカイブにおける映画の復元と保存」『デジタルアーカイブ学会誌』第3巻第4号、pp.394-398、2019

ディザード、ウィルソン・P［著］津川秀夫［訳］『世界のテレビジョン』現代ジャーナリズム出版会、1968

デリダ、ジャック［著］福本修［訳］『アーカイヴの病　フロイトの印象』法政大学出版局、2010

東京国立近代美術館フィルムセンター『展覧会　映画遺産　— 東京国立近代美術館フィルムセンター・コレクションより —』東京国立近代美術館、2004

時実象一「欧州の映画アーカイブ」『デジタルアーカイブ学会誌』第3巻第4号、2019

研谷紀夫「美術館・博物館と文化資源・震災資料に関するメタデータ」日本図書館情報学研究委員会［編］『わかる！ 図書館情報学シリーズ第3巻　メタデータとウェブサービス』勉誠出版、2016

トマセン、テオ［著］石原一則［訳］「アーカイブズ学入門 A First Introduction to Archival Science」『アーカイブズ学研究』第2巻、2005

二瓶和紀・宮田ただし『映像の著作権』Kindle 版、太田出版、2014

根本彰［編］『情報資源の社会制度と経営　シリーズ図書館情報学3』東京大学出版会、2013

パース、チャールズ・サンダース［著］内田種臣［訳］『パース著作集2 記号学』勁草書房、1994

バーナウ、エリック［著］安原和見［訳］『ドキュメンタリー映画史』筑摩書房、2015

檜山幸夫「アーカイブズ学とは何か」上代庸平［編］『アーカイブズ学要論』中京大学社会科学研究所、2014

福井健策［編］内藤篤・升本喜郎［著］『映画・ゲームビジネスの著作権　第2版』公益社団法人著作権情報センター、2015

福井健策『改訂版　著作権とは何か　文化と創造のゆくえ』集英社、2020

文化庁『著作権法入門 2019-2020』公益社団法人著作権情報センター、2019

ベルティーニ、マリア・バルバラ［著］最上良［訳］『アーカイブとは何か　石板からデジタル文書まで、イタリアの文書管理』法政大学出版局、2012

ボードウェル、デイヴィッド．クリスティン・トンプソン［著］藤木秀朗［監訳］『フィルム・アート　映画芸術入門』名古屋大学出版会、2015

松崎裕子「世界のビジネス・アーカイブズ　多様な価値を持つ、経営・業務に貢献するツール」公益財団法人渋沢栄一記念財団・実業史研究情報センター［編］『世界のビジネス・アーカイブズ ── 企業価値の源泉』序章、日外アソシエーツ、2012

メッツ、クリスチャン［著］浅沼圭司［監訳］『映画における意味作用に関する試論 ── 映画記号学の基本問題』水声社、2005

森本祥子「デジタルアーカイブの15年 ─ それが意味するもの ─ （コメント3）伝統的アーカイブズとデジタルアーカイブ」『アーカイブズ学研究』第15巻、2011

安江明夫「文化資源機関の保存マネジメント」日本図書館情報学会研究委員会［編］『図書館・博物館・文書館の連携（シリーズ図書館情報学のフロンティア10）』勉誠出版、2010

安澤秀一『史料館・文書館学への道　記録・文書をどう残すか』吉川弘文館、1985

矢野正隆「MLA におけるメディアの特性とアクセスに関する試論 ─ 東京大学経済学部資料室所蔵資料から ─ 」『アーカイブズ学研究』第20巻、2014

山本隆司『アメリカ著作権法の基礎知識 第2版』太田出版、2008

湯上良「イタリア統一前後におけるアーキビスト ── 制度の確立と理論的発展 ── 」『アーカイブズ学研究』第28巻、2018

吉見俊哉・小川千代子［対談］「大学アーカイブの現実 ─ 東京大学大学院情報学環を事例に」小川千代子・小出いずみ［編］『アーカイブへのアクセス 日本の経験、アメリカの経験』日本アソシエーツ、2008

ラウド、リチャード［著］村川英［訳］『映画愛』リブロポート、1985

脇阪豊・川島淳夫・高橋由美子［編著］『記号学小辞典』同学社、1992

[映像コンテンツ（映画、テレビ番組など）]

Brownlow, Kevin and David Gill. *Unknown Chaplin*. (『知られざるチャップリン』) ITV. 1983

Burns, Ken. *The Civil War*. (『南北戦争』) PBS. 1990

Clooney, George. *Good Night, and Good Luck*（『グッドナイト＆グッドラック』）2005

Dickson, William Kennedy Laurie. *Fred Ott's Sneeze.*（『フレッド・オットのくしゃみ』）1894

Ferrario, Davide. *Dopo mezzanotte*（『トリノ、24時からの恋人たち』）2004

Flaherty, Robert Joseph. *Nanook of the North.*（『極北のナヌーク』）（『極北の怪異』とも）1922

Glenn, Jack. Inside Nazi Germany.（『ナチス・ドイツの実態』）1938

Godard, Jean-Luc. *À bout de souffle*（『勝手にしやがれ』）1960

Hampton, Henry. *Eyes on the Prize: America's Civil Rights Years 1954-1965.*（『勝利を見すえて——アメリカ公民権運動の歴史』）PBS. 1987

Hampton, Henry. *Eyes on the Prize II: America at the Racial Crossroads 1965-1985.*（『勝利を見すえて——アメリカ公民権運動の歴史　Ⅱ』）PBS. 1990.

Huston, John. *The Battle of San Pietro*（『サン・ピエトロの戦い』）1945

Lumière, Louis Jean. La Sortie de l'usine Lumière à Lyon.（『工場の出口』）1895

Moore, Michael. *Fahrenheit 9/11.*（『華氏911』）2004

Ophuls, Marcel. *Le chagrin et la pitié : Chronique d'une ville française sous l'occupation*（『悲しみと哀れみ — 占領下のある町の年代記』）1969

Porter, Edwin S.. *The Great Train Robbery.*（『大列車強盗』）1903

Rosenblatt, Jay. *Human Remains.*（『ヒューマン・リメインズ』）1998

Шуб, Эсфирь（Shub, Esther）*Падение династии Романовых*（*The Fall of the Romanov Dynasty*『ロマノフ王朝の崩壊』）1927

Trousdale, Gary and Kirk Wise. *Beauty and the Beast*（『美女と野獣』）1991

Truffaut, François Roland. *La Nuit Américaine.*（『映画に愛をこめて　アメリカの夜』）1973

Vecchione, Judith et al. *Vietnam: A Television History*（『ベトナム——テレビでたどる歴史』）PBS. 1983

大友克洋『AKIRA』1988

三枝源次郎『千人針』大日本天然色映画、1937

日本放送協会『NHKスペシャル　パール・ハーバー　日米の運命を決めた日』1991

日本放送協会『NHKスペシャル　映像の世紀』1995-1996

日本放送協会『NHKスペシャル　カラー映像記録　昭和の戦争と平和』2003

溝口健二『ふるさと』日活、1930

■著者紹介

辻　泰明　（つじ　やすあき）

筑波大学教授。博士（情報学）。東京大学文学部フランス語フランス文学科卒。

日本放送協会において、ドラマ部、ナイトジャーナル部、スペシャル番組部、教養番組部などで番組制作に従事。その後、編成局にて視聴者層拡大プロジェクトおよびモバイルコンテンツ開発、オンデマンド業務室にてインターネット配信業務を担当。

［主な担当番組］

ディレクターとして、NHK スペシャル『パールハーバー　日米の運命を決めた日』、同『映像の世紀』、ドキュメンタリードラマ『宮沢賢治　銀河の旅びと』など。プロデューサーとして、定時番組『その時歴史が動いた』の企画開発、NHK スペシャル『幻の大戦果　大本営発表の真実』、同『カラー映像記録　昭和の戦争と平和』など。

［著書］

『映像メディア論 ― 映画からテレビへ、そして、インターネットへ』、『昭和期放送メディア論 ― 女性向け教養番組における「花」の系譜』、『インターネット動画メディア論 ― 映像コミュニケーション革命の現状分析』ほか。

映像アーカイブ論
― 記録と記憶が照射する未来 ―

2020 年 10 月 10 日　初版第 1 刷発行

■著　　者―――辻　泰明
■発 行 者―――佐藤　守
■発 行 所―――株式会社　大学教育出版
　　　　　　　　〒 700-0953　岡山市南区西市 855-4
　　　　　　　　電話（086）244-1268　FAX（086）246-0294
■印刷製本―――モリモト印刷㈱

ISBN978-4-86692-098-6